DAS HESSEN-KOCHBUCH

Hessen à la carte

Die beliebte Fernsehserie „Hessen à la carte" vom Hessischen Rundfunk war ein Vorreiter für die Wiederentdeckung alter traditioneller Rezepte. Die erfolgreichen Sendungen spürten in allen hessischen Regionen bewährte Rezepte auf, die bis dahin kaum niedergeschrieben waren.

Infos unter: **www.hr-online.de**

DAS HESSEN KOCHBUCH

Traditionelle und typische Rezepte aus allen Regionen

Texte von Michaele Scherenberg
Rezeptbearbeitung und Umsetzung Armin Treusch
Fotografiert von Michael Rühl

Hessen: Vorreiter für eine nachhaltige und faire Beschaffung

VERLAG

Inhalt

KASSEL

MARBURGER LAND & SCHWALM

WALDECK-FRANKENBERG

WERRATAL, KAUFUNGER WALD & WALDHESSEN

FRANKFURT & RHEIN MAIN

OFFENBACH, HANAU & KINZIGTAL

RHÖN & FULDA

Bildnachweis

Fotos der Gerichte und Zubereitungen von Michael Rühl.

Wir bedanken uns für die zur Verfügung gestellten Bilder bei:
Odenwald Tourismus GmbH, 06061-965970 www.odenwald.de
Rheingau-Taunus Kultur und Tourismus GmbH, 06723 9955-0, www.rheingau-taunus-info.de
Tourismus Service Bergstrasse e. V., 06252 13117-0, www.diebergstrasse.de
Taunus Touristik Service e. V., 06172 999414-0, www.taunus.info
Lahn-Dill-Kreis, 06441 407-1762, www.lahn-dill-kreis.de
Frankfurt Tourismus & Congress GmbH, 069 21238800, www.frankfurt-tourismus.de
Wetteraukreis, 06031 830, www.wetteraukreis.de
Kreis Offenbach, 6074 8180-0, www.kreis-offenbach.de
Region Vogelsberg Touristik GmbH, 06044 9648-48, www.vogelsberg-touristik.de
Spessart-Mainland, 06021 394 271, www.spessart-touristinfo.de
Tourismusmanagement Spessart-Kinzigtal-Vogelsberg, 06051 85-13716, www.mkk-tourismus-spessart.de
Tourismus und Kongressmanagement Fulda, 0661 1021814, www.tourismus-fulda.de
Marburg Tourismus und Marketing GmbH, 06421 99 12-0, www.marburg.de
Touristik Service Kurhessisches Bergland e. V., 05681 775-480, www.kurhessisches-bergland.de
Touristik Service Waldeck-Ederbergland GmbH, 05631 954 359, www.waldecker-land.de
Wirtschaftsförderungsgesellschaft für den Landkreis Hersfeld-Rotenburg mbH, 06621 944-110, www.kommindiemitte.de
Tourist-Information Eschwege/Meinhard/Wanfried, 05651 992331, www.werratal-tourismus.de
Kassel Touristik GmbH., 0561 707707, www.kassel-tourist.de

HA Hessen Agentur GmbH, www.hessen-agentur.de

Bilder Taunus Seite 38/39 von Tina Olbrich, Bild Kassel Seite 61 und Bilder Waldeck-Frankenberg Seite 80/81 und Bild Ahle Wurscht Seite 96 von Paavo Blåfield, Bild Schwalm Seite 68-69 von www.bogon-naturfoto.de, Bild Strünkchen Seite 65 von Dr. Theodor Echim, Bild Rhönschaf Seite 120 von Rhönschafhotel Jürgen Krenzer

Alle weiteren Bildnachweise über den B3 Verlag.

Impressum

Das Hessen Kochbuch – Traditionelle und typische Rezepte aus allen Regionen
Herausgegeben vom Hessischen Ministerium der Finanzen, Projekt „Hessen: Vorreiter für eine nachhaltige und faire Beschaffung“
Text von Michaele Scherenberg, Rezeptbearbeitung und Umsetzung von Armin Treusch

Weitere Titel des B3 Verlages unter **www.bedrei.de**

Gestaltung, Satz und Umschlag: Bayerl & Ost, Frankfurt am Main
Lektorat: Janine Bach, Text at Work, Frankfurt am Main

Gedruckt in Deutschland auf Ressourcen schonend und umweltfreundlich erzeugtem Papier

ISBN 978-3-938783-59-7

Interview

Herr Minister Dr. Schäfer, wie sind Sie auf die Idee zu dem vorliegendem Kochbuch mit regionalen und nachhaltigen Rezepten gekommen?

Das gemeinsame Kochen in der Familie und für Freunde ist ein Trend, der sich auch in den vielen Kochsendungen im Radio und im Fernsehen widerspiegelt.

Andererseits gibt es viele ehrenamtliche Projekte, bei denen ältere Menschen jungen Familien zeigen, wie man gesund und dennoch preiswert kochen kann. Durch die Vielfalt in den Supermärkten, die rund ums Jahr alles anbieten, ist uns wohl ein wenig das Gespür für die unterschiedlichen saisonalen Angebote abhanden gekommen. Hier scheint ein wirklicher Bedarf für dieses Thema zu bestehen.

Beim Hessischen Tag der Nachhaltigkeit 2010 war dies nicht anders. Über 14.000 Hessinnen und Hessen konnten in den Kantinen ein Gericht genießen, das nach nachhaltigen Kriterien zubereitet worden war. Mit diesem Erfolg hatten wir nicht gerechnet und haben uns deshalb überlegt, wie wir das Thema weiter in die Breite tragen und damit noch mehr Menschen davon überzeugen können, nachhaltiges Handeln in ihrem eigenen Alltag umzusetzen. Die vorliegende Sammlung von Rezepten aus allen hessischen Regionen ist das Ergebnis.

Passen Kochen und nachhaltiges Wirtschaften überhaupt zusammen?

Aber selbstverständlich! Nötig ist, den Blick auf das Thema Nachhaltigkeit nicht auf ökologische Aspekte allein zu reduzieren.

Mit dem vorliegenden Kochbuch wollen wir auf vielfältige Aspekte beim Thema „Esskultur“ aufmerksam machen: Einkauf regionaler Lebensmittel und Verwendung fair gehandelter Produkte, Auswahl von Rezepten entsprechend der jeweiligen Saison sowie energiesparende Zubereitung und Lagerung.

Die ausgewählten Rezepte sind nach Regionen gegliedert. Welche Bedeutung hat die Region im Bereich der Nachhaltigkeit?

Berufsbedingt bin ich viel in Hessen unterwegs und freue mich immer wieder auf die unterschiedlichen Städte und Landschaften. Wenn Sie sich heute in Hessen umschauen, dann werden Sie feststellen, dass unsere Städte und Gemeinden sehr unterschiedlich mit gesamtgesellschaftlichen Problemstellungen umgehen müssen. Die einen sehen sich stärker dem demographischen Wandel ausgesetzt, die anderen stehen vor der Herausforderung, mehr für die Integration zu tun. Patentrezepte gibt es nicht, jede Region findet ihren eigenen Weg.

Auch in unserem Hessen-Kochbuch zeigen sich die unterschiedlichen kulturellen Entwicklungen neben den verschiedenen geographischen Gegebenheiten in den Rezepten wider. Und über Rezepte werden eben auch Erinnerungen an die jeweilige Region transportiert. Das kennt jeder von uns aus dem Urlaub.

Nachhaltigkeit ist heute als Begriff überall zu finden. Was bedeutet er konkret für die Hessische Landesregierung?

Nachhaltigkeit beruht für uns auf drei Säulen: Dabei sind Ökologie, Ökonomie und soziale Verantwortung keine unvereinbaren Widersprüche, sondern ergänzen und befördern sich gegenseitig. Lassen Sie mich konkret zwei Beispiele nennen.

Mit dem Projekt „Hessen: Vorreiter für eine nachhaltige und faire Beschaffung" stellen wir aktuell den Einkauf des Landes auf ökologische und fair gehandelte Produkte um. Dies ist uns auch vor dem Hintergrund des Spardrucks ein besonderes Anliegen. Die öffentliche Hand kann über ihre große Nachfrage etwa bei Büroartikeln dazu beitragen, den Markt insgesamt zu beeinflussen.

Zweitens haben wir in diesem Jahr die erste CO2-Bilanz des Landes Hessen vorgestellt. Bis spätestens 2030 soll die Hessische Landesverwaltung klimaneutral arbeiten. Beispielsweise bezieht das Land Hessen seinen Strom ausschließlich aus regenerativen Energien. Vor allem aber wird es jetzt und in Zukunft um energieeffiziente Baustandards bei bestehenden und neu zu errichtenden Gebäuden gehen. Rund zwei Drittel unserer Kohlendioxid-Emissionen gehen von den Gebäuden aus.

Welchen Beitrag kann der Einzelne zum Thema Nachhaltigkeit leisten?

Jede und jeder kann einen Beitrag dazu leisten, das eigene Umfeld zu gestalten. Und letztlich beeinflusst sie oder er damit auch die Gesellschaft insgesamt.

Unterscheiden müssen wir jedoch zwischen den Bereichen, die wir beeinflussen können und denjenigen, in denen wir nur Anregungen geben können.

In vielen Bereichen sind wir tatsächlich nur Initiatoren dafür, dass Gutes nachgeahmt wird. Die vorliegenden Rezepte sollen Vorlagen liefern, um mitzumachen und durch nachhaltiges Einkaufen und Kochen liebe Menschen zu verwöhnen und mit Gesundem zu versorgen. Und das geht auch mit „ganz normalen" Lebensmitteln.

Ich kann jedoch nur empfehlen: Gehen Sie hinaus auf die Wochenmärkte vor Ort, lassen Sie sich dort inspirieren. Die hier vorgestellten Rezepte sollen Ihnen Lust aufs Nachkochen machen. Probieren Sie dabei auch Produkte aus fairem Handel, und verwenden Sie vor allem möglichst viele regionale Produkte, die Saison haben. Sie werden den Unterschied schmecken!

Was bedeutet Nachhaltigkeit für Sie persönlich?

Nachhaltigkeit ist mir ein großes persönliches Anliegen. Wir beschreiten in vielen Themenbereichen Neuland. Daher bedarf es intensiver Überzeugungsarbeit, zu der ich gerne auch mit diesem schönen Kochbuch beitragen möchte. Als Familienvater weiß ich, wie wichtig eine gesunde und ausgewogene Ernährung für die Kinder ist. Auch wenn ich schon viel von Hessen gesehen habe, so stoße ich doch bei dieser Sammlung auf viele interessante alte Gerichte, die mir neu sind. Ich freue mich schon darauf, manches für meine Familie nachzukochen. Dabei erwartet meine Frau dann sehr nachhaltig von mir, dass die Küche anschließend wieder so aussieht wie vorher – und das ist immer wieder eine spannende Herausforderung für mich!

Dr. Thomas Schäfer
Hessischer Minister der Finanzen

Rüdesheim am Rhein, Seilbahn

Die reizvolle Region am Rhein gilt als Kronjuwel unter den deutschen Weinanbaugebieten. Hier sind die berühmten Rheingauer Riesling-Weine zu Hause. Wiesbaden ist eines der ältesten mondänen Kurbäder Europas und lockt mit 15 Thermal- und Mineralquellen.
Das milde Klima bringt südliches Flair. So ist dieses Fleckchen Erde ein besonderer Platz für Genießer!

Niederwald-Denkmal

Eltville am Rhein, Kloster Eberbach

Rheingau bei Lorch am Rhein

RHEINGAU & WIESBADEN

NACHHALTIGE LEBENSFREUDE

Auch Goethe liebte den Rheingau und schrieb:„kein Genuss ist vorübergehend, denn die Erinnerung an ihn ist bleibend!" Genießen Sie den Rheingau auf seinen jährlichen glanzvollen Veranstaltungen wie dem „Rheingau Musik Festival", den „Rheingauer Schlemmerwochen", dem „Rheingau Gourmet- und Wein Festival" oder den „Glorreichen Rheingau Tagen". Weitere Infos: www.kulturland-rheingau.de

Rheingauer Woihinkelsche

Wenn man nicht trinken kann,
soll man nicht lieben.
Doch sollt ihr Trinker euch
nicht besser dünken:
Wenn man nicht lieben kann,
soll man nicht trinken.

Johann Wolfgang von Goethe

RHEINGAUER WOIHINKELSCHE

1 **ZUTATEN**

4 Hähnchenbrüste oder
Hähnchenkeulen oder gemischt
1 Zwiebel
100 g Karotten, 100 g Sellerie,
100 g Lauch
1 EL Tomatenmark
400 ml Riesling
Butterschmalz
Salz, Pfeffer
1 Lorbeerblatt, 3 Wacholderbeeren,
10 Pfefferkörner, 2 Nelken

Zubereitung

Das Gemüse in 2 cm große Würfel schneiden. Das Hähnchenfleisch würzen und in einem Bräter in heißem Butterschmalz anbraten. Dann das Fleisch wieder herausnehmen und das gewürfelte Gemüse in den Bräter geben und unter ständigem Rühren bräunen. Tomatenmark zugeben und ebenfalls braun werden lassen. Sehr oft rühren und ab und zu etwas Wasser angießen und wieder verkochen lassen, das vereinfacht den Bräunungsprozess.
Ist das Gemüse ausreichend braun geworden, das Fleisch wieder dazugeben und mit dem Weißwein übergießen. Die Gewürze in einen Stoffbeutel oder ein Teeei füllen und in die Soße geben, mit Salz und Pfeffer abschmecken.

Nun den Bräter zudecken und die Woihinkelsche leicht kochen lassen oder aber den Topf ohne Deckel in den vorgeheizten Backofen bei 150 °C schieben. Wenn das Fleisch gar ist, nimmt man es heraus. Eventuell die Soße nur noch etwas einkochen lassen. Wenn sie noch zu dünnflüssig ist, bindet man sie mit Speisestärke ab, die mit kaltem Wasser angerührt wurde.

Zum Woihinkelsche passen in Butter geschwenkte Eiernudeln oder Kartoffeln in verschiedenen Zubereitungen.

GLÜCKLICHE HÜHNER
**Bei der Freilandhaltung steht den Hühnern tagsüber ein Auslauf von mindestens 4 m² pro Tier zur Verfügung.
Es gibt Sitzstangen, Legenester und eingestreute Scharrräume.
Diese Haltungsform trägt den Grundbedürfnissen der Tiere Rechnung und zeigt sich in der Qualität der Produkte.**

WEIN AUS DEM RHEINGAU

Von Flörsheim am Main über Wiesbaden, Eltville, Rüdesheim bis nach Lorch am Rhein bietet der Rheingau auf einem an Fläche kleinen Gebiet Wein, Natur & Kultur vom Feinsten! Über 80 % der 3.200 ha großen Rebflächen sind mit der „Königin der Rebe", dem Riesling, bestockt. Doch auch hervorragende Spätburgunder reifen an den sonnenverwöhnten Steinhängen.

Spundekäs'

WO'S STRÄUßCHE HÄNGT
Nur wenige Monate im Jahr sind die beliebten Straußwirtschaften im Rheingau geöffnet. Deshalb sollte man die Gelegenheit für einen gemütlichen Besuch unbedingt nutzen!
Als urige Straußwirtschaft öffnen Winzer und Weinbauern ihre Höfe als saisonale Gastbetriebe.
Es gibt nur eigene Weine und einfache Hausmannskost. Den Spundekäs' findet man auf jeder Karte! Eine Liste von Rheingauer Straußwirtschaften steht unter: **www.rheingau.de/gastronomie/strausswirtschaften**

SPUNDEKÄS'

2 **ZUTATEN**

500 g Frischkäse Doppelrahmstufe
250 g Quark 20 %
50 g Butter
1 EL edelsüßer Paprika
1 Prise scharfer Rosenpaprika
1 Knoblauchzehe
Salz und frisch gemahlener Pfeffer

Zubereitung
Die Butter aus dem Kühlschrank nehmen und sehr weich werden lassen – auf keinen Fall die Butter erhitzen! Den Knoblauch sehr fein schneiden, nicht pressen. Alle Zutaten in einer großen Schüssel gut vermengen und würzen. Der Spundekäs' soll würzig-pikant schmecken.
Am besten mundet er, wenn er einen Tag durchgezogen hat. Zum Spundekäs' isst man Pellkartoffeln, klein geschnittene Zwiebeln, Kümmel, Radieschen, frische Brezeln oder eine Scheibe herzhaftes Bauernbrot. Und natürlich gibt es ein Glas Riesling dazu!

KÄSE AUS HESSEN Viele Verbraucher kennen nur drei bis vier Käsesorten. Dabei ist die Käsevielfalt eine Freude für Menschen, die gerne genießen. Das gilt vor allem dann, wenn der Käse handwerklich und im ökologischen Landbau entstanden ist. Hessische Hofkäser haben sich zusammengeschlossen und die Hessische Milch- und Käsestraße gegründet. Ziel ist es, im Rahmen der deutschlandweiten Aktion Käseliebhabern Informationen über gesunden Käse zu vermitteln und ihnen zu zeigen, wo es überall hochwertige Käse zu kaufen gibt. Seit 2008 lädt das Freilichtmuseum Hessenpark/Neu-Anspach zum beliebten jährlichen Käsefest ein – mit Käse und Wein in Hülle und Fülle.
Infos: **www.milchundkaesestrasse.de/hessen** und **www.hessenpark.de**

Winzersupp'

TIPP

WELCHEN WEIN ZUM KOCHEN?
Es gab Zeiten, in denen wurden nur minderwertige Weine zum Kochen verwendet, die nicht mehr trinkbar waren oder als Fehler „Kork" hatten. Mit Wein kochen heißt aber, genau den umgekehrten Weg beschreiten: Der Kochwein ist ebenso wichtig wie die Frische der Zutaten und die Qualität von Fleisch oder Fisch. Deshalb sollte in den Kochtopf ein Wein, der später auch gut zum Trinken ins Glas passen würde.

ZUTATEN

Für 8-10 Personen

200 g Dörrfleisch
etwas Öl oder Fett
1 Stange Lauch
375 g Karotten
1 kleiner Sellerie
3 Zwiebeln
2 kg Kartoffeln
1,5 l kräftige Fleischbrühe
500 ml Riesling
Majoran, frisch oder getrocknet
Salz, Pfeffer, Muskatnuss
200 ml süße Sahne
frische Petersilie

Zubereitung
Das Dörrfleisch in kleine Würfel schneiden und mit etwas Fett anbraten. Zwiebeln, Kartoffeln, Karotten und Sellerie in Würfel und den Lauch in Ringe schneiden und dazu geben. Alles gut dünsten. Mit dem Wein ablöschen und mit Fleischbrühe auffüllen. Die Suppe gut 30 Minuten kochen lassen und mit Majoran, Salz, Pfeffer und Muskatnuss abschmecken. Vor dem Servieren die Winzersupp' mit der Sahne verfeinern und mit fein gehackter Petersilie bestreuen. Die Winzersuppe schmeckt besonders gut, wenn man noch ein Stück Fleischwurst hineinlegt oder ein Paar Frankfurter Würstchen! Außerdem gibt es dazu eine Scheibe Bauernbrot.

EINTOPF Als Eintopf bezeichnet man bei uns eine dicke Suppe, also ein Mischgericht mit einem hohen Flüssigkeitsanteil.
Diese Art des Garens gehört zu den ältesten bekannten Kochtechniken. Der Eintopf ist eine Hauptmahlzeit. Die Rezepte kommen meist vom Land, wo es galt, möglichst viele Esser satt und glücklich zu machen. Typisch sind regionale Zutaten wie Erbsen, Bohnen, Linsen, Kohlgemüse, Mohrrüben und Kartoffeln. Hinzu kommen wie bei der Winzersupp' gern Dörrfleisch oder Fleischeinlagen.

Goethes Weinapfel

GOETHES WEINAPFEL

4 | ZUTATEN

- 4 große Äpfel
- 60 g gemahlene Mandeln
- 60 g Butter
- 60 g Rosinen
- 1 EL Zucker
- etwas Zimt
- 25 ml Riesling
- Puderzucker

TIPP

ZUR ROSE AUFSCHLAGEN

Im warmem Wasserbad werden vor allem Speisen gerührt, die ihre Bindung durch Eigelb und Zucker erhalten. Denn hier besteht die Gefahr, dass das Eigelb bei starker Hitze gerinnt. Perfekt ist die Soße oder die Creme, wenn man einen Holzlöffel kurz eintaucht, auf die Oberfläche bläst und sich eine Art „Rose" – also Wellenlinien – auf dem Löffel bilden.

Zubereitung

Aus den Äpfeln das Kerngehäuse ausstechen. Mandeln, Butter, Rosinen, Zucker und Zimt vermischen und damit die Äpfel füllen. Die Äpfel in eine flache Porzellanschale setzen und mit dem Riesling begießen. Dann in den auf 180 °C vorgeheizten Backofen schieben und 20–30 Minuten garen. Die angerichteten Weinäpfel mit etwas Puderzucker bestäuben.

Rieslingsoße

RIESLINGSOSSE

5 | ZUTATEN

- 4 Eigelbe
- 100 g Zucker
- 250 ml Riesling

Zubereitung

Eigelbe und Zucker gut schaumig rühren. Den Riesling dazu geben und die Soße auf dem Wasserbad bis zur Rose aufschlagen. Die Soße muss komplett cremig sein. Sie kann warm oder auch kalt serviert werden und ist die perfekte Begleitung zu Goethes Weinapfel!

ÄPFEL SIND GESUND Der Apfel ist ein Segen für Zähne, Verdauung und Fitness. In einem Apfel stecken über 30 Vitamine und Spurenelemente, viele wertvolle Mineralstoffe wie Kalium, Kalzium, Magnesium oder Eisen. Dabei hat ein durchschnittlich großer Apfel nur 60 Kalorien, denn er besteht zu 85 % aus Wasser. Kluge Apfelfreunde schälen ihren Apfel nicht, denn sie wissen, das Beste liegt direkt unter der Schale.

Assmannshäuser Rotweinkuchen

TIPP

VANILLESCHOTE NACHHALTIG NUTZEN

Die ausgekratzte Vanilleschote kann man nicht nur in Zucker legen um ein leckeres Aroma zu erzielen, sie gibt auch einem Glas mit Honig eine besondere Geschmacksnote. Einfach die leere Schote hineinlegen! Wer gerne experimentiert, kann die Vanilleschote auch in Weißweinessig oder Olivenöl ansetzen.

ASSMANNSHÄUSER ROTWEINKUCHEN

ZUTATEN **6**

250 g Butter
200 g Zucker
1/2 Vanilleschote
4 Eier
50 g Zucker
500 ml Assmannshäuser Spätburgunder
250 g Mehl
1 TL Backpulver
1/2 TL Zimt
1 TL Kakao
100 g geraspelte dunkle Schokolade
Puderzucker

Zubereitung

Die Vanilleschote der Länge nach halbieren und das Mark herauskratzen. Das Mark mit 200 g Zucker und der Butter schaumig rühren. Die Eier in eine Schüssel schlagen und mit 50 g Zucker ebenfalls schaumig rühren. Die Zucker-Eier nun unter die Butter-Zucker-Masse heben. Dann den Spätburgunder, Mehl, Backpulver, Zimt, Kakao und die geraspelte Schokolade unterheben. Alles gut vermischen.

Eine Kranzform mit Butter bestreichen und mit Semmelbröseln ausstreuen. Den Teig hinein füllen. Den Rotweinkuchen zunächst im vorgeheizten Ofen bei 200°C 15 Minuten backen. Dann die Hitze auf 180°C reduzieren und den Kuchen weitere 30 – 40 Minuten backen. Den Rotweinkuchen erkalten lassen, aus der Form stürzen und mit etwas Puderzucker bestäuben.

SPÄTBURGUNDER AUS ASSMANNSHAUSEN

Die Weinlagen von Assmannshausen sind eine Besonderheit im Rheingau, denn sie sind zu über 90 Prozent mit Spätburgunder-Reben bepflanzt. Der romantische Weinort, der zu Rüdesheim gehört, ist die wohl bekannteste Rotweininsel Deutschlands. Hier findet sich der optimale Boden für den Spätburgunder: der seidig glänzende Phyllit-Schiefer. Wer zur Weinlese kommt, sieht, wie die Trauben wie seit Jahrhunderten per Hand in den Steillagen geerntet werden.

Burg Breuberg

Altes Odenwälder Volkslied:
Es steht ein Baum im Odenwald
der hat viel grüne Äst´
da bin ich schon viel tausend mal
bei meinem Schatz gewest

Rittersaal Schloss Erbach

Schloss Lichtenberg

Rathaus Michelstadt

Reichelsheim im Odenwald

ODENWALD

DER ODENWALD

Im Süden Hessens breiten Wald, Wiesen und Berge ihre Arme aus! In dem Mittelgebirge, das von Darmstadt im Nord-Westen begrenzt wird, kann man in herrlicher Natur und in frischer guter Luft wandern. In den schmucken Dörfern gibt es gute regionale Gerichte, und dazu gehört natürlich ein Glas selbstgekelterter Apfelwein!

Odenwälder Backhauskartoffel

ODENWÄLDER BACKHAUSKARTOFFEL

7 **ZUTATEN**

Für 6 Personen

1,5 kg Kartoffel
2 große Zwiebeln
2 Stangen Lauch
100 g Dörrfleisch
Butter
Salz, Pfeffer
300 g Schmand oder Crème fraîche
6 gepökelte Kammkoteletts
1 l Apfelwein

Zubereitung

Die Kartoffeln waschen, schälen und in dickere Scheiben schneiden. Die Zwiebeln schälen und in Ringe schneiden. Den Lauch halbieren, waschen und in breite Streifen schneiden. Das Dörrfleisch in 1 cm große Würfel, die Kammkoteletts in 5 cm große Stücke schneiden.

Einen großen Bräter zuerst mit Butter ausstreichen. Dann eine Lage Kartoffeln hineingeben, darüber Zwiebeln, Lauch und Dörrfleisch schichten und würzen. Das Fleisch darauf verteilen und mit den restlichen Kartoffeln, Zwiebeln, Lauch und Dörrfleisch abdecken. Alles noch einmal würzen und den Schmand darauf verteilen und mit Apfelwein übergießen.

Die Backhauskartoffeln im vorgeheizten Ofen bei 200 °C 1,5 – 2 Stunden garen, so dass die Kartoffeln oben etwas braun werden. Zu diesem alten Odenwälder Traditionsgericht trinkt man natürlich einen herben Apfelwein und wer mag kann noch eine Scheibe kräftiges Bauernbrot dazu genießen!

TIPP

Ein Glas Äppelwoi regt die Verdauung an und unterstützt Magen, Darm und Herz. Apfelwein wirkt blutdrucksenkend, am Abend genossen fördert er die Schlafbereitschaft. Heißer Apfelwein mit Zimt, Honig und Zitronensaft wirkt gegen eine aufkommende Erkältung.

APFELWEIN – ÄPPELWOI – EBBELWOI

Auf den Odenwälder Streuobstwiesen wachsen für das Keltern besonders geeignete Apfelsorten. Das milde Klima unterstützt die späte Reifung und den besonderen Geschmack. Das Keltern von Apfelwein und der entsprechende Anbau von Obst sind in Hessen seit dem 16. Jahrhundert beliebt. Wer selbst einmal sein „Stöffche" herstellen möchte: Die Äpfel waschen und in kleine Stücke schneiden (zermahlen). Den Saft mit einer Presse herausdrücken und in einem Gärbehälter auffangen. Es ist die Spontanvergärung durch die Eigenhefe möglich, empfohlen wird allerdings Reinzuchthefe zuzusetzen. Die Gärung dauert ca. 8–10 Tage. Bei Kleinmengen, die schnell verbraucht werden, reicht eine feine Filtrierung um die Gärung weitgehend zu beenden. Bei größeren Mengen – und entsprechend vielen Flaschen – sollte die Gärung durch Zusatz von Schwefel gestoppt werden. Den Apfelwein in keimfreie Flaschen umfüllen und luftdicht verschließen.

KELTERNDE WIRTE

Die hessenweite Kooperation der Hessischen Wirtshaus Kelterer ist eine Idee von Gastronomen, die den Apfelwein und seine Kultur lieben und leben. Ihre Apfelweine stellen die Wirte selbst handwerklich her, jeder Wirt keltert damit sein eigenes typisches „Stöffche" . Die Streuobstwiesen werden liebevoll gepflegt und abgeerntet. Die Gäste können sich also bei jedem der Wirte auf eine besondere Geschmacksnote freuen- denn jeder alte Streuobstsorte ist ein Original! Infos unter: **www.hessische-wirtshauskelterer.de**

Lammkeule auf Wiesenheu

LAMMKEULE AUF WIESENHEU

8 **ZUTATEN**

Für 6 Personen

1,8 kg Lammkeule mit Knochen
50 g Butterschmalz
50 g Kräuterbutter
100 g Butterschmalz
100 g Röstgmüse (Karotten, Lauch und Sellerie)
1 Knoblauchzehe
1 EL Tomatenmark
Nelken, Lorbeer, Thymian, Pfefferkörner, Majoran
1 EL Zwiebelwürfel
20 g Butter
100 g Herbsttrompeten-Pilze
100 ml Rotwein
Stärke, Salz, Pfeffer
2 Handvoll Heu von ungespritzter Wiese

Zubereitung

Die Lammkeule entbeinen, parieren und würzen. Das Fleisch in einem Bräter in heißem Butterschmalz von allen Seiten gut anbraten. Kräuterbutter zugeben und bei reduzierter Hitze kurz weiter brutzeln. Das Fleisch herausnehmen, das Heu im Bräter verteilen und die Lammkeule darauf legen. Im Ofen ca. 2 Stunden bei 150 °C garen.

Für die Lammjus die Lammknochen klein hacken und in heißem Butterschmalz anbraten. Das Röstgemüse zugeben und weiter braten. Das Tomatenmark und den geschnittenen Knoblauch zugeben und gut Farbe nehmen lassen. Etwas Wasser angießen und einkochen lassen – dies zweimal wiederholen. Die Gewürze und Kräuter zugeben und den Topf mit Wasser auffüllen, so dass die Knochen bedeckt sind. Die Lammjus 2 Stunden auf kleinster Hitze kochen lassen und dabei öfters abschäumen. Danach die Jus abpassieren.

Für die Soße die Pilze putzen, waschen und in kleine Stücke schneiden, mit Zwiebelwürfeln in Butter andünsten und mit Rotwein ablöschen. Um die Hälfte einkochen lassen und mit der Lammjus auffüllen. Die Soße bis zur gewünschten Konsistenz einkochen lassen, eventuell mit etwas Stärke abbinden und mit Salz und Pfeffer abschmecken. Die gare Lammkeule vom Heu nehmen und mit der köstlichen Soße servieren. Als Beilagen schmecken Kartoffeltaler, Spitzbuwe und so gut wie alle Gemüse, insbesondere Böhnchen.

TIPP **HEU MACHT APPETIT: Fleisch auf Heu zu braten, ist nicht nur originell, sondern eine uralte Garmethode. Im Backhaus brauchte man dazu nicht einmal einen Topf, das Fleisch wurde im Heu in den Ofen gelegt. Das Heu ist Hitzeschutz und Aromageber zugleich. Das Fleisch brennt nicht an und die Kräuter und Gräser verleihen dem Lamm einen besonderen Geschmack. Wichtig ist natürlich, dass das Heu auf einer guten natürlichen Wiese gesammelt wird.**

LAMMFLEISCH Schafe gehören im Odenwald zum Landschaftsbild. Heute noch beweiden über 6.000 Schafe die kargen Flächen und leisten damit einen wichtigen Beitrag zur Landschaftpflege. Lammfleisch ist für die menschliche Gesundheit von großer Bedeutung. Die Schafe suchen sich auf der Wiese die besten Kräuter aus und liefern somit reine Natur. Die Odenwälder Schäfer setzen sich dafür ein, dass alte und gefährdete Schafrassen erhalten werden. Die jährlich stattfindenden Odenwälder Lammwochen sind inzwischen zu einer wahren Kultveranstaltung geworden.
Infos **www.schaeferverein-odenwaldkreis.de** und **www.lammwochen.de**

Odenwälder Grünkernsuppe

ODENWÄLDER GRÜNKERNSUPPE

9 **ZUTATEN**

75 g Grünkerngrieß
20 g Butterschmalz
750 ml Fleischbrühe
100 g Karotte
100 g Lauch
Salz, Muskat

Zubereitung

Den Grünkerngrieß im Butterschmalz unter ständigem Rühren leicht anrösten. Mit der Fleischbrühe auffüllen und aufkochen lassen. In der Zwischenzeit Karotte und Lauch in kleine Würfel schneiden und zugeben. Mit Salz und Muskat würzen. Bei geringster Hitze unter mehrfachem Umrühren kochen lassen, bis der Grünkern weich und gequollen ist.

TIPP

GRÜNKERN IST GESUND: Dinkel, zu dem der Grünkern gehört, gilt unter den Getreidesorten als besonders wertvoll. Die kleinen Körner haben besonders viele B-Vitamine, Kalium, Calcium, Magnesium und Eisen. Dinkel wird als Vorläufer des Weizens betrachtet.

Markklößchen

MARKKLÖSSCHEN

10 **ZUTATEN**

100 g Rindermark
2 Brötchen vom Vortag
Wasser zum Einweichen
2 Eier
etwas Grieß oder Mehl
Salz, Pfeffer, Muskat
2 Zweige krause Petersilie

Zubereitung

Das Rindermark in einen kleinen Topf geben und bei geringer Hitze auslassen. Die Brötchen in grobe Stücke schneiden und in Wasser einige Minuten einweichen. Das Wasser gut ausdrücken und das flüssige Mark durch ein Sieb auf die Brötchenmasse geben. Die Eier und die fein gehackte Petersilie dazugeben, würzen und verkneten. Nun zuerst eine Kochprobe machen, ob die Klößchen halten. Dafür ein Klößchen in kochendes Salzwasser legen. Wenn es nicht hält, der Masse etwas Mehl zufügen. Dann alle Klößchen rollen und ins kochende Salzwasser geben. Aufkochen und bei geringer Hitze 5 Minuten ziehen lassen. Die Markklößchen in die angerichtete Grünkernsuppe setzen.

GRÜNKERN ist das unreife Korn des Dinkels, der vermutlich durch eine Mutation von älteren, steinzeitlichen Weizensorten wie Emmer oder Einkorn entstanden ist. Bis Ende des 19. Jahrhunderts war Dinkel eine der Hauptgetreidearten Südwestdeutschlands und hatte als Brotgetreide eine große Bedeutung. Der südöstliche Odenwald ist noch heute eine Hochburg des Grünkernanbaus. Die Firma Knorr – 1838 in Heilbronn gegründet – handelte seit 1867 mit Grünkern und stellte schon 1872 Suppen aus Grünkern her. Infos unter: **www.freilandmuseum.com**

HOCHZEITSESSEN
Grünkernsuppe mit Markklößchen ist die traditionelle Hochzeitssuppe im Odenwald. Zur Hochzeit bekam das Paar Brot und Salz als Zeichen, dass im Haus nie die Armut einziehen sollte.

Odenwälder Frühstückskäse

„Gut gefrühstückt, hält den ganzen Tag,
gut geschlachtet, das ganze Jahr,
gut geheirat`, das ganze Leben."
Volksmund

TIPP
BEWUSST GENIESSEN
„Slow food" statt „Fast food"! Die weltweite Organisation von Slow Food ist auch im Odenwald stark vertreten. Die Vereinigung bringt Genießer, Produzenten und Händler zusammen, die verantwortungsvoll mit Lebensmitteln umgehen. Ein reger Austausch und spannende, genussreiche Exkursionen stehen im Mittelpunkt. Partner von Slow Food sind am Logo mit der Schnecke zu erkennen. Kontakt unter: **www.slowfood.de/odenwald**

ODENWÄLDER FRÜHSTÜCKSKÄSE

11 **ZUTATEN**

4 Odenwälder Frühstückskäse
2 Äpfel (Boskoop)
2 mittelgroße Zwiebeln
100 ml Apfelessig
100 ml Walnussöl
Salz, Pfeffer, 1 Prise Zucker
3 EL gehackte Walnüsse

Zubereitung
Die Äpfel waschen, mit der Schale vierteln, das Kerngehäuse entfernen und in kleine Würfel schneiden. Die Zwiebeln ebenfalls klein würfeln und mit den Äpfeln in eine Schüssel geben. Apfelessig und Walnussöl dazu gießen und die Marinade mit Salz, Pfeffer und Zucker abschmecken. Die Marinade über den Frühstückskäse geben und die gehackten Walnüsse darüber streuen.

ODENWÄLDER FRÜHSTÜCKSKÄSE Der herzhafter Weichkäse aus Kuhmilch wird als „Odenwälder Handkäse" bezeichnet. Er ist einer von nur vier deutschen regionaltypischen, anerkannten Käsesorten, die seit 1997 mit dem EU-Siegel „Geschützte-Ursprungsbezeichnung" ausgezeichnet wurden. Der Frühstückskäse wurde im Odenwald früher nach dem morgendlichen Melken aufgetischt, daher hat er seinen Namen. Hergestellt wird er in der kleinen Privatmolkerei Hüttenthal. Der Frühstückskäse sorgt für eine gute Figur: Er hat nur 10 % Fett in der Trockenmasse!

Apfelpfannkuchen

APFELPFANNKUCHEN

ZUTATEN 12

300 ml Milch
3 EL Zucker
1 Prise Zimt
4 Eier
200 g Mehl
3 Äpfel
Butterschmalz oder Rapsöl

APFELFREUDEN IM VEREIN
Dem Verein Apfelwein- und Obstwiesenroute Odenwald e. V. liegen die Streuobstwiesen am Herzen! Die Mitglieder setzen sich dafür ein, dass die alten Obstwiesen erhalten werden und neue dazu kommen. Damit verbunden ist die Förderung von bodenständigen Keltereien, Direktvermarktern, Imkern und Gastronomen.
Kontakt: www.apfelroute.de

Zubereitung
Milch, Zucker, Zimt und Mehl in einer Schüssel glatt rühren, die Eier zugeben und einen Teig herstellen. Die Äpfel vierteln und das Kerngehäuse entfernen. Die Äpfel in kleine Scheiben schneiden und diese in den Teig geben. In einer Pfanne Butterschmalz oder Rapsöl erhitzen und die Apfelpfannkuchen darin ausbacken.

Apfelweinsoße

APFELWEINSOSSE

ZUTATEN 13

2 Eigelbe
60 g Zucker
125 ml Apfelwein

Zubereitung
Die Eigelbe mit dem Zucker gut schaumig rühren. Den Apfelwein zugeben und die Masse im Wasserbad heiß aufschlagen bis der Schaum eine dickflüssig-cremige Konsistenz erreicht. Die heiße Apfelweinsoße schmeckt wunderbar zu den Apfelpfannkuchen.

PARADIES STREUOBSTWIESE Die Streuobstwiese ist die traditionelle Form des Obstbaus. Hier stehen die Bäume in ihrer natürlichen Wuchsart als Hochstamm – im Unterschied zum inzwischen gebräuchlichen Monokultur-Obstbau in Plantagen mit Halbstamm-Bäumen. Die unbehandelten Streuobstwiesen sind ein wahres Paradies auch für Vögel und Insekten. Und natürlich gedeihen auf den Streuobstwiesen die besten Äpfel für den Äppelwoi! Experten schätzen, dass es in Hessen über 1.000 alte Apfelsorten gibt. Selbstgekelterte sortenreine Apfelweine kann man zum Beispiel bei Armin Treusch in Reichelsheim erhalten. Kontakt: **www.treuschs-schwanen.com**

Marktplatz in Heppenheim

Staatspark Fuerstenlager, Bensheim

An der Bergstraße gibt es viele beschauliche Altstädte und wunderschöne Marktplätze im Stil italienischer Piazzas. Am bekanntesten sind dabei Heppenheim und Weinheim. Das UNESCO Weltkulturerbe Kloster Lorsch sowie viele Burgen und Schlösser sind lockende Ausflugsziele. Ein ausgeschilderter Burgenweg führt neben zahlreichen anderen Wegen von einer sehenswerten alten Burg zur anderen.

Alsbacher Schloss

UNESCO Weltkulturerbe Kloster Lorsch

Kirchberg in Bensheim

BERGSTRASSE
NECKARTAL & RIED

Die Bergstraße nennt man auch gern „die Riviera Deutschlands". Schon Kaiser Josef II. schwärmte auf einer Fahrt im Jahr 1764: „Hier fängt Deutschland an, Italien zu werden". Und es stimmt, denn im milden Klima von Bergstraße, Neckartal und Ried bricht der Frühling früher aus als anderenorts und die Sonne scheint ebenso häufig wie an den oberitalienischen Seen oder im Tessin. Im Frühjahr ist das Ried natürlich eine sehr gute Adresse für Spargelliebhaber!

Stangenspargel mit Sauce Hollandaise, zerlassener Butter, Schinken und Schnitzel

STANGENSPARGEL MIT SCHINKEN UND ZERLASSENER BUTTER

14

ZUTATEN

- 2 kg Spargel
- etwas Butter für das Kochwasser
- 100 g geräucherter Schinken
- 150 g gekochter Schinken
- 4 Schnitzel à ca. 100 g
- 1 Ei
- Mehl und Semmelbrösel zum Panieren
- Butter zum Braten der Schnitzel
- Salz, Zucker, Pfeffer
- 150 g Butter zum Zerlassen

Zubereitung

Die Spargel sorgfältig schälen. Das Kochwasser wird mit Salz sowie etwas Zucker gewürzt und mit etwas Butter ergänzt. Die Spargel in das kochende Wasser legen und bei geringer Hitze 10 bis 15 Minuten leicht weiter kochen lassen. Dann sofort servieren.

Die Schnitzelchen dünn klopfen und würzen. Danach zuerst im Mehl wenden, dann durch das zerschlagene Ei ziehen und in den Semmelbröseln panieren. Gut andrücken und in einer Pfanne in der Butter bei mittlerer Hitze goldbraun braten.

Wie die zerlassene Butter sein soll, ist Geschmacksache: einfach flüssig, dann ist die Molke noch dabei und sie ist trüb; länger erhitzt verdunstet die Molke, die Butter wird klar und man kann sie gut vom Bodensatz trennen. Erhitzt man die Butter noch etwas länger, wird sie leicht braun und erhält einen leicht nussigen Geschmack.

Die beliebteste Beilage sind neue Kartoffeln, die als Pellkartoffeln gekocht werden. Man kann sie mit oder ohne Schale servieren.

SAUCE HOLLANDAISE

15

ZUTATEN

- 200 g Butter
- 4 Eigelbe
- 1 Schalotte
- 1 großes oder 2 kleine Lorbeerblätter
- 2-4 EL guter Weißweinessig
- 100 ml Wasser
- 10 weiße Pfefferkörner
- Salz, Pfeffer

Zubereitung

Zuerst die Butter klären. In einem großen Topf die Butter zum Kochen bringen und so lange köcheln lassen, bis der Schaum verschwindet. Vom Herd nehmen, den Topf zum Abkühlen in kaltes Wasser stellen, die obere, klare Butter in ein Gefäß abgießen.

Parallel dazu eine Reduktion herstellen. Die Schalotte würfeln und mit Weißweinessig, Wasser, Lorbeerblatt und Pfefferkörnern zum Kochen bringen. So lange kochen lassen, bis sich die Flüssigkeit auf ¼ reduziert hat und dann abpassieren.

Die Eigelbe mit der Reduktion in einer Schüssel auf einem Wasserbad aufschlagen, so dass dabei eine cremige Soße entsteht. Die geklärte Butter löffelweise unterrühren. Die Soße sollte max. 60 °C haben. Abschließend mit Salz und Pfeffer abschmecken.

Dieses Grundrezept kann mit vielerlei Zutaten variiert werden.

SPARGEL – DAS KÖNIGLICHE GEMÜSE

Die Heimat des Spargels ist Vorderasien. Als Gemüse- und Heilpflanze ist der „Asparagus“ schon lange bekannt. In China verordnete man Spargel bei Husten oder bei Blasenproblemen. Auch Ägypter, Griechen und Römer schätzten den Spargel als hilfreiche Heilpflanze. Im 18. Jahrhundert begann der Spargel langsam seinen Siegeszug bei uns. Zum Gedeihen braucht er Wärme und lockeren sandigen, nicht zu feuchten Boden. Deshalb ist das hessische Ried perfekt für den Spargelanbau. Ist die Witterung warm und feucht, können die Stangen bis zu 7 cm am Tag wachsen. Das offizielle Ende der Spargelsaison ist der 24. Juni, der Johannistag.

TIPP

SPARGEL RICHTIG KOCHEN

Am besten den Spargel schon vor dem Kochen zu Bündeln von 6–10 Stangen binden – diese lassen sich später leicht herausnehmen und portionieren. Die Spargelbündel sollten vom Wasser gerade bedeckt sein – nicht zu viel Wasser verwenden. Die Garzeit für den weißen Spargel beträgt je nach gewünschtem „Biss" 10–15 Minuten. Mit einem Küchenmesser prüfen, ob der Spargel gar ist. Die Stangen müssen weich sein, aber noch ein wenig Widerstand zeigen.

Bergsträßer Burgunderbraten

BERGSTRÄSSER BURGUNDERBRATEN

16 **ZUTATEN**

800 g bratfertiges Rindfleisch (z. B. Dicker Bug, Hüfte oder „falsche Lende“, das ist ein Teilstück der Schulter vom Rind)
Bratfett
1 große Zwiebel
1 große Karotte
1 kleine Lauchstange
1 Stück Sellerie (ca. 60 g)
2 EL Tomatenmark
1 Lorbeerblatt, 6 Wacholderbeeren, 6 Nelken, 10 Pfefferkörner
750 ml Bergsträßer Spätburgunder
Salz, Pfeffer

Zubereitung

Das Fleisch mit Salz und Pfeffer würzen und in einem passenden Bräter in heißem Fett von allen Seiten gut anbraten. Das Gemüse putzen und in gleichgroße Stücke schneiden. Das angebratene Fleisch aus dem Bräter nehmen und zur Seite stellen. Das Gemüse in den Bräter geben und unter häufigem Umrühren gut anbraten. Dann das Tomatenmark und die Gewürze zugeben. Etwas Wasser angießen und unter ständigem Rühren das Tomatenmark gut braun werden lassen. Das Fleisch wieder in den Bräter legen und mit dem Spätburgunder begießen. Den Bräter verschließen und bei geringer Hitze 2–3 Stunden garen, dabei das Fleisch ab und zu wenden. Ist das Fleisch gar, herausnehmen und warm stellen. Die Soße durch ein Sieb passieren, nochmals abschmecken.

TIPP SPARGEL IN FOLIE GAREN: Das Dünsten im eigenen Saft erhält das leckere Spargelaroma und ist eine sehr gesunde Zubereitungsart. Pro Person 6 rohe Stangen auf eine doppelte Lage Alufolie (glänzende Seite nach außen) legen. Salz, Zucker und Butterflocken auf dem Spargel verteilen. Die Alufolie verschließen und die Päckchen bei 200 °C auf einem Backblech ca. 45 Minuten garen.

Spargelgemüse

SPARGELGEMÜSE

17 **ZUTATEN**

1 kg Spargel
Salz, Zucker, weißer Pfeffer, Muskatnuss
50 g Butter
30 g Mehl
1 Eigelb
600 ml Spargelbrühe

Zubereitung

Die Spargel schälen und in ca. 5 cm lange Stücke schneiden und wie auf Seite 30 beschrieben kochen. Die Spargelstücke herausnehmen und in kaltem Wasser abschrecken. Die Butter in einem Topf zerlaufen lassen und mit dem Mehl verrühren. Die Spargelbrühe nach und nach glatt in die Soße rühren und zum Kochen bringen. Die Soße mit Salz, Pfeffer, Muskat abschmecken, die Spargelstücke hineingeben und zum Schluss das Eigelb unterrühren. Das Spargelgemüse ist eine sehr schmackhafte Beilage zum Burgunderbraten!

BRATEN Ein guter Braten schmeckt immer! Allerdings sollte er richtig gegart werden. Ideal ist die sogenannte Niedrigtemperatur-Methode, die auch weniger geübten Köchen gleich gelingt! Dabei das trocken getupfte Fleisch in heißem Fett von allen Seiten kurz anbraten, bis sich eine Kruste gebildet hat. Nun das Fleisch bei 80 Grad mehrere Stunden im vorgewärmten Backofen fertig garen. Durch dieses sanfte Verfahren tritt kaum Flüssigkeit aus, das Fleisch wird zart und bleibt innen saftig.

Bärlauchwaffeln mit Kräuterquark

BÄRLAUCHWAFFELN

18 **ZUTATEN**

4–10 Blätter wilder Bärlauch
200 g Mehl
100 g Butter
½ TL Backpulver
3 Eier
200 ml Milch
300 g Pellkartoffel
Salz, Muskat

TIPP
BÄRLAUCH EINFRIEREN
Da Bärlauch ein Saisongemüse ist, möchte man ihn natürlich gerne haltbar machen. Zum Einfrieren den Bärlauch waschen, sorgfältig trocknen, in feine Streifen schneiden und ausgebreitet auf einem großen Blech mit Frischhaltefolie einfrieren. Danach in TK-Dosen umfüllen. Bärlauchstreifen kann man einzeln entnehmen und tiefgefroren ans Essen geben.

Zubereitung
Mehl und Backpulver vermischen und mit der Milch glatt rühren. Die Eier und die flüssige Butter unterrühren. Die fein geriebenen Kartoffeln untermischen. Den Bärlauch in feine Streifen schneiden, unterheben und den Teig mit Salz und Muskat abschmecken. Im Waffeleisen knusprige Waffeln backen. Dazu schmeckt frischer Kräuterquark und grüner Salat.

KRÄUTERQUARK

ZUTATEN

400 g Quark 10 % oder 20 %
100 ml Milch oder Sahne
Salz, Pfeffer
frische Kräuter (Schnittlauch, Petersilie, Kresse, Borettsch, Zitronenmelisse o. Ä.)

Zubereitung
Den Quark mit der Milch oder der Sahne glatt rühren. Mit Salz und Pfeffer würzen und die fein geschnittenen Kräuter untermischen. Die Art und Menge der Kräuter sind Geschmacksache, je nach Marktlage und Jahreszeit.

BÄRLAUCH Der Bärlauch ist verwandt mit Schnittlauch, Zwiebel und Knoblauch. Das würzige Wildgemüse wird auch Knoblauchspinat, wilder Knoblauch oder Hexenzwiebel genannt. Bärlauch lässt sich in der Küche wunderbar für Pesto, Kräuterbutter oder für Dip-Soßen verwenden. Aber Vorsicht beim Sammeln: Bärlauch wird immer wieder mit Maiglöckchen, Herbstzeitlosen oder mit den Blättern des Aronstabs verwechselt. Und diese drei Pflanzen sind ausgesprochen giftig! Verwechslungsgefahr besteht vor allem, weil der Bärlauch vor der Blüte gesammelt wird.

Bergsträßer Erdbeertorte

TIPP

ERDBEEREN SIND GESUND

Erdbeeren haben mehr Vitamin C als Zitronen oder Orangen, nämlich 60 mg pro 100 g Fruchtfleisch. Sie enthalten außerdem wichtige Mineralstoffe wie Eisen, Kalzium, Kalium und Phosphor. Erdbeeren sind gut bei Blutarmut und sie lindern Rheuma und Gicht.

BERGSTRÄSSER ERDBEERTORTE

ZUTATEN 19

Rührteig:
125 g Butter
4 Eigelbe
100 g Puderzucker
1 Päckchen Vanillezucker
125 g Mehl
1 TL Backpulver

Buttercreme:
250 ml Milch
20 g Puddingpulver Vanille (1/2 Päckchen)
1 Eigelb
50 g Zucker

Belag:
200 g Butter
250–300 g Erdbeeren
1 Päckchen Tortenguss für 250 ml Flüssigkeit

Zubereitung Rührteig:
Butter mit dem Eigelb geschmeidig rühren, nach und nach den Puderzucker und das mit dem Backpulver gemischte Mehl hinzugeben. Den Teig in einer gefetteten Backform von 26 cm Durchmesser verteilen. Im vorgeheizten Backofen bei 180 °C Grad 30 Minuten backen.

Zubereitung Buttercreme:
150 ml Milch mit dem Zucker aufkochen. Die restliche Milch, Puddingpulver und Eigelb mit dem Schneebesen glatt rühren. Die Masse in die kochende Milch gießen und unter ständigem Rühren gut durchkochen. Die Creme auf Zimmertemperatur abkühlen lassen, dabei öfter mit dem Schneebesen aufschlagen. Die weiche Butter – nicht flüssig – nach und nach unter die Creme rühren. Die Buttercreme kann mit Rum, Grand Marnier oder Ähnlichem aromatisiert werden. Anschließend die Creme auf dem Rührteigboden verteilen und glatt streichen.

Zubereitung Belag:
Die Erdbeeren waschen und die Blättchen entfernen. Die Früchte je nach Größe zerteilen und die Torte damit belegen. Den Tortenguss nach der Beschreibung auf dem Päckchen zubereiten und über den Erdbeeren verteilen. Die Torte kalt stellen und kurz vor dem Servieren mit geschlagener Sahne und Pfefferminzblättchen verzieren.

Gurken süß-sauer – Gewürzgurken – Dillschnitten

GURKEN SÜSS-SAUER

20 **ZUTATEN**

- 2,5 kg große gelbe Gartengurken
- 1 l Weißweinessig
- 2 kg Zucker
- 3–4 TL Senfsaat
- 5 Nelken

Zubereitung

Die gelben Gartengurken (das sind überreife Gurken) nach dem Schälen längs halbieren und mit einem Löffel die Kerne entfernen. Dann in dickere Scheiben oder Stücke schneiden. 2 l Wasser und 500 ml Essig aufkochen und die Gurken darin 2–3 Minuten garen. Die Gurken in einem Sieb abtropfen lassen. Aus 500 ml Wasser, 500 ml Essig, Zucker, Senfsaat und Nelken den Gurkensud kochen. Die Gurken in Gläser füllen und den heißen Sud darüber geben. Die Gewürze gleichmäßig in die Gläser verteilen. Die Gläser verschließen, in einen Topf stellen und mit Wasser bedeckt 20 Minuten einkochen.

GEWÜRZGURKEN

21 **ZUTATEN**

- 2,5 kg Salatgurken oder auch kleinere Gartengurken
- 1 l Weißweinessig
- 1 kg Zucker
- 1 Zimtstange
- 2 Lorbeerblätter
- 2 TL Senfsaat
- 10 Wacholderbeeren
- 1 TL Pfefferkörner
- 5 Nelken

Zubereitung

Die Salatgurken in dickere Scheiben oder Stücke schneiden. Kleine Gartengurken mit einer Nadel mehrfach einstechen. 2 l Wasser und 500 ml Essig aufkochen lassen und die Gurken darin 2–3 Minuten kochen. Dann auf einem Sieb abtropfen lassen. Aus 500 ml Wasser, 500 ml Essig, Zucker, Zimtstange, Lorbeerblätter, Senfsaat, Wacholderbeeren, Pfefferkörnern und Nelken den Gurkensud kochen. Die gekochten Gurken in Gläser füllen und den Sud darüber geben. Eventuell in jedes Glas noch einen Dillstängel stecken. Die Gewürze gleichmäßig auf die Gläser verteilen und diese verschließen. Die Gläser in einen Topf stellen und mit Wasser bedeckt 20 Minuten einkochen.

DILLSCHNITTEN

22 **ZUTATEN**

- 2,5 kg mittelgroße Gartengurken
- 1 l Weißweinessig
- 1 kg Zucker
- 2 TL Senfsaat
- 10 Wacholderbeeren
- 1 TL Pfefferkörner
- 5 kleine Zwiebeln
- 2–3 Peperoni – je nach Geschmack mild oder scharf
- 1 Bund Dill

Zubereitung

Die Gartengurken in 5 mm dicke Scheiben schneiden. 2 l Wasser und 1/2 l Essig aufkochen lassen und die Gurken darin 2–3 Minuten kochen. Dann die gekochten Gurken auf einem Sieb abtropfen lassen. Aus 500 ml Wasser, 500 ml Essig, Zucker, Senfsaat, Wacholderbeeren, Pfefferkörner, klein geschnittenen Zwiebeln und Peperoni den Gurkensud kochen. Die Gurken in Gläser füllen. Den Dill abzupfen, klein schneiden und über die Gurken in die Gläser geben. Die Dillstängel ebenfalls hineinstecken und den Sud darüber geben. Die Gewürze gleichmäßig in die Gläser verteilen und diese verschließen. Die Gläser in einen Topf stellen und mit Wasser bedeckt 20 Minuten einkochen.

FREILANDGURKEN

Die Gurke gehört zur Familie der Kürbisgewächse. Ihre Heimat sind die feuchtwarmen Regionen Nordindiens. Den Weg zu uns fand sie erst im 19. Jahrhundert. Heute nimmt die Gurke in der weltweiten Gemüseproduktion den vierten Rang ein!
Sie ist übrigens ein absoluter Schlankmacher: nur 9,7 Kalorien pro 100 Gramm!
Es gibt zwei Gurkengruppen: die Schlangen- oder Salatgurke und die Einmachgurke. Am besten schmecken Gurken natürlich aus dem Freilandanbau. Sie sind würziger und haben einen intensiveren Geschmack als die Norm-Gurken aus Gewächshäusern!

Taunus im Herbst

RÖMISCH GENIESSEN IM TAUNUS

Auf der Saalburg bei Bad Homburg lässt sich die Römerzeit gegen Ende des ersten Jahrhunderts nachempfinden. Die Saalburg ist das einzige vollständig wieder aufgebaute Kastell am gesamten Limes. Hier wird oft auch „römisch“ gekocht. Eine beliebte Süßspeise der damaligen Zeit waren Datteln gefüllt mit Nüssen, Pinienkernen und gemahlenem Pfeffer. Sie werden in Salz gewälzt und in kochendem Honig gebraten.

Burg Königstein

Taunus-Blick

AUF SCHUSTERS RAPPEN ZUM „SCHUSTERKOTELETT“

Der Handkäse hat auch im Lahn-Dill-Kreis seine Geschichte. 1813 wurde er in Hüttenberg erstmals geschichtlich erwähnt und bekam den Spitznamen „Schusterkotelett“, weil er für die kleinen Handwerker ein Hauptnahrungsmittel war.

TAUNUS & LAHN-DILL

Jahrhundertelang hieß die Region nur „die Höhe". Drei weithin sichtbare Gipfel prägen den Taunus. Der Höhenzug erhebt sich von Main, Lahn und Wetterau. Die tiefen Wälder und Naturparks sind eine große grüne Lunge für jeden, der Erholung schätzt und durchatmen möchte. Schon die Kelten und Römer haben diese Landschaft geschätzt und viele Spuren hinterlassen. Neben dem Taunus laden an Lahn und Dill die Ausläufer von Westerwald und Rothaargebirge zu Entdeckungsreisen ein.

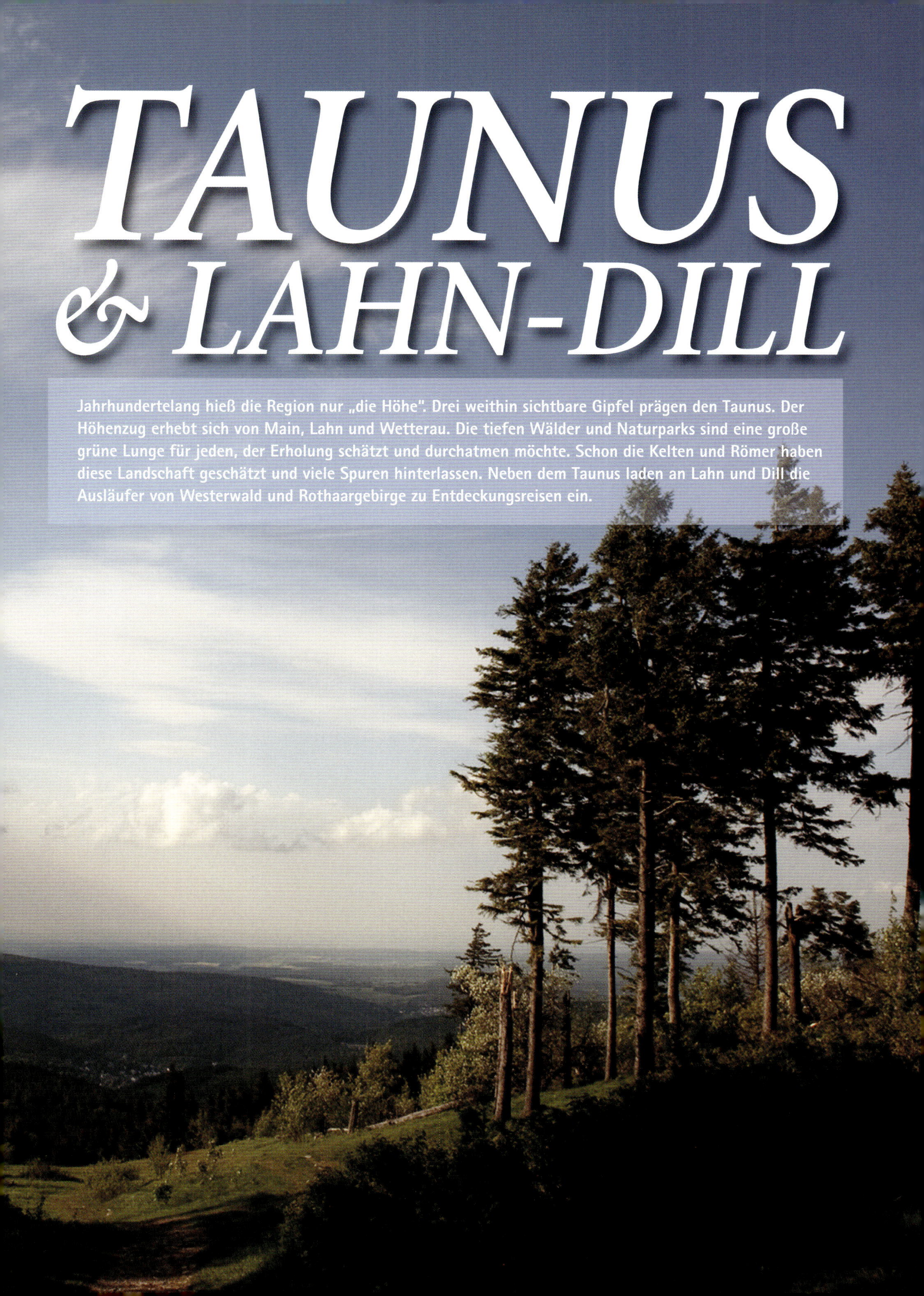

Reh mit Hutzeln

TIPP

GETROCKNETE APFELRINGE

Apfelringe vor dem Trocknen durch Zitronensaft ziehen, so bleiben sie schön hell und verfärben sich nicht. Im Sommer lassen sich Apfelringe auch auf einer Schnur trocknen. Die Ringe müssen luftig hängen und dürfen sich beim Trocknen nicht berühren.

REH MIT HUTZELN

23 **ZUTATEN**

750 g Rehfleisch von der Keule
1 mittelgroße Zwiebel
Butterschmalz oder Rapsöl
200 g Dörrobst (Zwetschgen, Äpfel, Aprikosen, Birnen)
3 EL Apfelmus
250 ml Apfelwein
200 ml Wildsoße
125 ml Sahne
Salz, Pfeffer

Zubereitung

Das Dörrobst 1–2 Stunden in lauwarmem Wasser einweichen und danach in gröbere Stücke schneiden. Das Rehfleisch in 0,5 cm dicke und 3 cm lange Streifen schneiden. Die Zwiebel in Würfel schneiden.

Das Rehfleisch mit Salz und Pfeffer würzen und mit den Zwiebelwürfeln kräftig anbraten. Ablöschen mit Apfelwein und Wildsoße. Apfelmus und Dörrobst zugeben und das Gericht einige Minuten bei geringer Hitze kochen lassen. Kurz vor dem Anrichten die geschlagene Sahne unterheben und noch einmal abschmecken.

Dazu passen als Beilage Wetzsteine (Rezept Seite 48), Dippekuchen (Rezept Seite 44), Kartoffelklöße oder Nudeln. Als Gemüse eignet sich Rotkraut, Rosenkohl und geschmorter Wirsing. Auch Feldsalat oder andere Blattsalate sind gute Begleiter.

TIPP

DÖRROBST SELBER MACHEN

Industriell hergestellte Trockenfrüchte sind oft zusätzlich geschwefelt oder anders konserviert. Deshalb ist das Selbsttrocknen sehr zu empfehlen. Es eignen sich Äpfel, Birnen, Pflaumen, Pfirsiche und auch exotische Früchte. Selbst Erdbeeren lassen sich gut trocknen. Das Obst auf einem Blech auslegen und im Backofen auf der niedrigsten Temperatur über 50 Grad Celsius trocknen. Das Trocknen kann einige Stunden dauern.

TROCKENOBST Bei der Trocknung wird dem Obst 80 % des Wassergehalts entzogen, sodass sich Schimmel nicht mehr bilden kann. Trockenobst ist bis zu einem Jahr haltbar, wenn die Früchte trocken und luftdicht gelagert werden.Trockenfrüchte enthalten konzentriert Trauben- und Fruchtzucker, wichtige Mineralstoffe und Ballaststoffe. Sie haben durch das Trocknen allerdings weniger Vitamine als frisches Obst. Dörrobst besteht zu über 60 Prozent aus Zucker. Davon profitieren Sportler und Menschen, die einen Ersatz für Süßigkeiten suchen.

Taunusforelle mit Wiesengemüse

TAUNUSFORELLE

24 **ZUTATEN**

4 frische Taunusforellen
1 kleine Zwiebel
1 Bund Suppengrün
1 Lorbeerblatt, 5 Nelken, 10 Pfefferkörner, 5 Wacholderbeeren
Apfelessig nach Geschmack
Salz, Pfeffer

Zubereitung

Zunächst in einem großen flachen Topf den Forellensud ansetzen. Dafür die Gemüse putzen, klein schneiden und mit Wasser und Apfelessig aufkochen. Es wird so viel Flüssigkeit benötigt, dass die Forellen anschließend gut bedeckt sind.

Die Gewürze zugeben und mit Salz und gemahlenem Pfeffer würzen. Den Sud einmal kräftig durchkochen. Die Forellen im Bauchraum auswaschen, in den kochenden Sud legen und bei geringster Hitze 15–20 Minuten gar ziehen lassen. Zur Taunusforelle schmeckt hervorragend würziges Wiesengemüse aus dem Taunus.

WIESENGEMÜSE

ZUTATEN

250 g Blattspinat
400 g Wiesengemüse (z. B. Brennnessel, Sauerampfer, Giersch, Beinwell, Löwenzahn – je nach Geschmack)
20 g Mehl
40 g Butter
1 kleine Zwiebel
100 g Schmand
Salz, Pfeffer, Muskat

Zubereitung

Gewaschenen Blattspinat und Wiesengemüse in kochendem Salzwasser kurz blanchieren. Die Blätter in kaltem Wasser abschrecken und auf einem Sieb abtropfen lassen.

Die Zwiebel in feine Würfel schneiden und in Butter in einem Topf andünsten. Das Mehl zugeben und daraus eine glatte Mehlschwitze rühren. Spinat, Wiesengemüse und Schmand dazu geben und fein pürieren. Das Wiesengemüse kurz aufkochen und mit Salz, Pfeffer und Muskat abschmecken.

DIE NEUNERSTÄRKE: In alten Zeiten war es Brauch, am Gründonnerstag zur Stärkung ein besonderes Frühlingsgericht auf den Tisch zu bringen, die „Neunerstärke". Zu diesem Wildgemüse gehörten die folgenden neun Wildpflanzen: Löwenzahn, Giersch, Bachbunge (ein Wegerichgewächs), Brennnessel, Sauerampfer, Felsen-Fetthenne, Schafgarbe, Wiesenknöterich, Sauerklee.

WILDSALATE UND WILDKRÄUTER Ohne menschliches Eingreifen wachsen sie auf Wiesen, im Wald und im Garten. Aus den Blättern der einjährigen oder mehrjährigen Pflanzen lässt sich Köstliches zubereiten. Wildgemüse und Wildkräuter enthalten mehr Vitamine und Mineralstoffe als Kulturpflanzen und bringen den Stoffwechsel auf Trab. Wildkräuter sind auch leicht zu trocknen. Entweder locker auf einem Blech ausbreiten oder, wenn sie kleinblättrig sind, gebündelt aufhängen, in dunklen Gläsern aufbewahren.

FORELLEN

Es gibt Forellen, die ständig im Süßwasser leben, sie bevorzugen kalte Bäche, Flüsse und Seen und ernähren sich vor allem von Wasserinsekten. Wandernde Forellenarten ziehen nach ca. 2–5 Jahren ans Meer und ziehen als ausgewachsene Tiere wie die Lachse wieder flussaufwärts.

Westerwälder Dippekuchen

TIPP

ZUBEREITUNGSARTEN

Der beliebte hessische Dippekuchen hat seinen Namen daher, weil das Gericht in einem „Dippe", einem großen Topf, zubereitet wird. Dabei gibt es zahlreiche Varianten: mit Rauchfleisch oder weißem Speck, kleingeschnittener geräucherter Wurst oder fleischlos mit Zwiebeln und Lauch in der Kartoffelmasse. In manchen Regionen heißt das Gericht auch Schalet, Schales oder Dippelabbes. Ursprünglich war der Auflauf aus rohen Kartoffeln ein jüdisches Rezept.

WESTERWÄLDER DIPPEKUCHEN

25 **ZUTATEN**

1 kg mehlig kochende Kartoffeln
2 Eier
120 g Dörrfleisch
1 mittelgroße Zwiebel
Salz, Pfeffer, Muskat
1–2 EL Bratöl

Zubereitung

Die rohen Kartoffeln waschen, schälen und sehr fein reiben. Zwiebel und Dörrfleisch fein würfeln und mit den Kartoffeln und den Eiern vermischen. Mit Salz, Pfeffer und Muskat würzen.

In einem passenden Bräter oder gusseisernem Topf das Öl erhitzen. Die Masse einfüllen und auf mittlerer bis starker Hitze unter ständigem Rühren auf dem Herd anbraten, bis sich eine braune Kruste gebildet hat. Den Topf vom Herd nehmen und die Kartoffelmasse in eine Schüssel geben. Im Topf anhaftende Kartoffelreste entfernen und den Topf erneut mit Öl auspinseln. Dann die Masse wieder einfüllen und glatt streichen. Den Topf in den vorgeheizten Backofen bei 180 °C geben und etwa eine Stunde fertig backen, bis sich eine kräftige, braune Kruste gebildet hat. Die Backzeit ist abhängig von der Einfüllhöhe und der Gesamtmenge.
Der Westerwälder Dippekuchen wird heiß serviert und schmeckt am besten mit Apfelmus.

„Struh und Lohme“
(Stroh und Lehm)

BILDHAFTE NAMEN
In der hessischen Traditionsküche gibt es manche Namen, die erstmal Rätsel aufgeben. Wie kommt es zur Bezeichnung „Struh und Lohme?" Nun, das Sauerkraut ist das „Stroh" und der Kartoffelbrei der „Lehm". Ähnlich ist es auch mit dem hessischen Gericht „Lumpen und Flöh" (Rezept Seite 86), dabei bezeichnet „Lumpen" die Weißkohlstücke und die „Flöh" sind die vielen Kümmelsamen, die im Kraut zu finden sind und es verdaulich machen. Aus dem bäuerlichen Leben gegriffen ist auch das Rezept auf der nächsten Seite. Als „Wetzsteine" bezeichnet man Kartoffelklöße, die wie längliche kleine Wetzsteine zum Wetzen der Sichel und Sensen aussehen.

„STRUH UND LOHME"

ZUTATEN 26

800 g geschälte Kartoffeln
800 g frisches Sauerkraut
1 große Zwiebel
20 g Butter oder Schmalz
1 Lorbeerblatt
10 Pfefferkörner
5 Wacholderbeeren
5 Nelken
600 g gekochtes Rauchfleisch mit Schwarte

Zubereitung

Die Zwiebel schälen, in Streifen schneiden und in einem Topf in Butter oder Schmalz andünsten. Das Sauerkraut mit kaltem Wasser abwaschen und in den Topf geben. Mit Wasser soweit aufgießen, dass das Sauerkraut knapp bedeckt ist. Die Schinkenschwarte einlegen und die Gewürze in einem Beutelchen oder Tee-Ei zugeben. Mit Salz und Zucker würzen. Kräftig durchkochen und dann bei kleiner Hitze garen, bis das Sauerkraut weich genug ist. Das Rauchfleisch in Scheiben schneiden und auf dem Sauerkraut 10 Minuten vor dem Anrichten erhitzen.

Die Kartoffeln in der Zwischenzeit in grobe Stücke schneiden und in Salzwasser gar kochen. Das Wasser abschütten und die Kartoffeln mit dem Stampfer zerdrücken. Das Rauchfleisch vom Sauerkraut nehmen und warm halten. Den Gewürzbeutel entfernen und das Sauerkraut mit den Kartoffeln vermischen. Vorsicht, nicht zu viel Sauerkrautsud nehmen. Struh und Lohme noch einmal abschmecken und mit dem Rauchfleisch und Senf servieren. Gut dazu passen auch angebratene Blutwurst oder Fleischwurst.

Gans gefüllt mit „Kronberger Käste“

Das Leben ist ein Gänsespiel:
Je mehr man vorwärts gehet,
Je früher kommt man an das Ziel,
Wo niemand gerne stehet.

Johann Wolfgang von Goethe

GANS GEFÜLLT MIT „KRONBERGER KÄSTE“

27 **ZUTATEN**

Für 6 Personen

1 Gans ca. 4,5 kg
Salz, Pfeffer
Beifuss, Majoran
300 g geschälte Esskastanien
2-3 EL Honig
2-3 EL Apfelsaft
100 ml Rotwein
300 ml braune Grundsoße
Trockene Lebkuchenwürfel

Zubereitung

Die Esskastanien mit den Kräutern vermischen. Die Gans auswaschen und trocken tupfen. Mit Salz und Pfeffer würzen und mit den Esskastanien füllen. Die Gans in einen entsprechend großen Bräter setzen und 1 Liter Wasser angießen. Bei 160°C Ober- und Unterhitze und geschlossenem Dampfabzug in den Ofen. So wird sie zunächst im Dampf gegart. Nach ca. 2 Stunden den Dampfabzug öffnen oder auf Umluft umstellen. Die Gans soll nun bei trockener Hitze langsam knusprig braten. Dafür die Temperatur auf 180°C erhöhen. Ist die Gans größer als 4,5 kg, muss die Temperatur etwas reduziert und die Garzeit verlängert werden. Zum Schluss sollte die Haut schön kross sein. Vorsicht, nicht zu stark bräunen, sonst schmeckt die Haut leicht bitter!

Die Gans aus dem Bräter nehmen und warm stellen. Das oben schwimmende Gänseschmalz des Bratenansatzes abschütten. Honig, Apfelsaft und Rotwein in den Bräter geben und bei starker Hitze den Bratensatz auf die Hälfte einkochen lassen. Die braune Soße zugeben, aufkochen und mit den Lebkuchen binden. Abschmecken.

Die Gans zerteilen. Die Füllung auf eine große, vorgewärmte Platte geben und darauf die Gänseteile anrichten. Die Soße separat servieren.

Gut dazu passen die klassischen Kartoffelklöße, aber auch Dippekuche, Wetzsteine, Weckklöße oder auch Beutelches. Typische Gemüse sind Rotkraut, Rosenkohl oder Wirsing.

TIPP FÜLLUNG: Die Füllung einer Gans kann vielfältig variieren. Die Esskastanien kann man mit in Würfel geschnittenen Äpfel oder gewürfelten Brötchen oder Weißbrot ergänzen. Der Füllung kann man auch Hackfleisch zugeben, womit sich allerdings die Garzeit um ca. 30 Minuten verlängert. Neben den typischen Gans-Kräutern Majoran und Beifuß kann man mit Rosmarin, Thymian, Honig, Orangenschale, Ingwer oder Zimt würzen. Als Früchte passen neben den Äpfel auch Birnen, Preiselbeeren, Quitte, Hagebutte, Eberesche, oder Orangen.

ESSKASTANIEN Die Esskastanie wird schon in alten Klosterbüchern beschrieben. Die ursprüngliche Heimat der Edelkastanie ist Kleinasien. Vermutlich brachten die Römer gegen 200 n. Chr. die Edelkastanie zusammen mit der Weinrebe in den Taunus. Dort wurden die „Kestebeem“ liebevoll gepflegt und das Holz versteigert. Das Laub wurde in den Viehställen als Einstreu verwendet. Die Rosskastanie ist nicht mit den Esskastanien verwandt! Esskastanien gehören zur Familie der Buchengewächse, wer genau hinschaut, erkennt das an den Früchten. Die „Käste“ werden auch als Kastanien, Maronen oder Maroni bezeichnet. Sie haben einen hohen Gehalt an Kohlenhydraten und Stärke.

Wetzsteine mit Speck-Lauch-Soße

WETZSTEINE

28 **ZUTATEN**

1,2 kg rohe geschälte Kartoffeln
2 Eier
Salz, Majoran (getrocknet)
2–4 Esslöffel Kartoffelmehl oder Stärke

BAUERNREGELN:

**Nach oben schau, auf Gott vertrau,
nach Wolken wird der Himmel blau.**

**Besser ein ordentlicher Regen,
als ein stetes Tröpfeln.**

**Je weißer die Schäfchen
am Himmel gehen,
desto länger bleibt das Wetter schön.**

Zubereitung

500 g Kartoffeln kochen. Die restlichen rohen Kartoffeln fein reiben und in einem Leinentuch kräftig ausdrücken. Das austretende Kartoffelwasser in einer Schüssel auffangen, kurz stehen lassen und abgießen, so dass die Kartoffelstärke zurückbleibt. Die gekochten Kartoffeln heiß durch die Kartoffelpresse drücken und zu den roh geriebenen Kartoffeln geben, sofort vermischen. Die Kartoffelstärke mit den Eiern zu der Kartoffelmasse geben und gut durchkneten. Eventuell noch etwas Kartoffelmehl dazugeben. Mit Salz und Majoran würzen. Aus der Masse längliche Klöße formen, die wie kleine „Wetzsteine" aussehen und diese in kochendes Salzwasser legen. Bei leichtem Kochen ca. 10–15 Minuten ziehen lassen. Das traditionelle Gericht aus dem Taunus wird mit einer Speck-Lauch-Soße aufgetischt.

DER WETZSTEIN UND DER TÄNZER
Mit dem echten „Wetzstaa" wurden in der Erntezeit vor allem die Sensen scharf gemacht. Morgens gings schon vor Sonnenaufgang in höher gelegene Wiesen. Beim Mähen schauten die Mädchen den Männern gern auf die Beine, denn wer am geschicktesten die Sense im Takt bewegte, der war meist auch der beste Tänzer – den musste man sich also merken!

SPECK-LAUCH-SOSSE

ZUTATEN

100 g geräucherter Bauchspeck
1 Stange Lauch
30 g Mehl
30 g Butter
Salz, Pfeffer

Zubereitung

Den Bauchspeck in Würfel und den Lauch in Streifen schneiden. Den Bauchspeck in einem Topf anbraten, den Lauch dazu geben und gut andünsten. In einem anderen Topf die Butter zerlaufen lassen und das Mehl darin anschwitzen. Mit 250 ml Kloßbrühe von den Wetzsteinen auffüllen, die Mehlschwitze schnell glatt rühren und aufkochen lassen. Nach kurzem Kochen Lauch und Bauchspeck in die Soße geben und einige Minuten kochen lassen. Dann mit Salz und Pfeffer abschmecken. Die Wetzsteine auf der Soße anrichten. Dazu passt ein frischer grüner Salat.

KLÖSSE Klöße sind in Hessen – aber auch in vielen anderen Regionen – ein sehr traditionelles Gericht. Oft wurden Klöße nur mit Soße gereicht – als Hauptmahlzeit. Klöße selbst zu machen lohnt sich! Sie lassen sich in keiner Weise mit Fertigmischungen vergleichen. Beim Garen zuvor immer einen Probekloß machen. Der perfekte Kloß steigt im siedenden Wasser langsam nach oben. Sollten Klöße übrig bleiben, diese am nächsten Tag in Scheiben schneiden und in heißem Schmalz oder in Butter auf beiden Seiten braten. Sehr lecker!

Ankerturm, Lauterbach

DIE WERRERA SOLL LEAWE

Das „rollende R“ ist für den Dialekt in der Wetterau typisch!
Wenn ein Wetterauer Hochdeutsch hört, findet er das meist „ferschderlisch“.
Hier heißt die Frau „Fraa“ und die Steine werden „Staa“ genannt.
Und von der Wetterau heißt es:
„Die Werrera soll leawe“– die Wetterau soll leben!

Münzenburg

Niddastausee

Rapsfelder in der Wetterau

Schlossberg, Ulrichstein

VOGELSBERG & WETTERAU

Der Vogelsberg ist das größte zusammenhängende Vulkangebiet in Mitteleuropa – vor rund 17 Millionen Jahren entstand aus vielen einzelnen Vulkanen diese besondere Region Hessens. Namensgebend sind sie noch heute für wunderschöne Wege in Deutschlands ältestem Naturpark, darunter der beliebte und asphaltierte Vulkanradweg. Auf einer ehemaligen Bahntrasse können selbst ungeübte Radler über 70 Kilometer durch Wald, Wiesen, Dörfer und schmucke Städtchen fahren. So gesteinsreich die Böden im Vogelberg sind, so reich und fruchtbar sind sie in der benachbarten Wetterau. Neben saftigen Wiesen gedeihen hier Getreide und Rosen.

Die Fruchtbarkeit der Wetterau führte auch zur frühen Besiedelung – unter anderem durch die Römer, deren Spuren noch heute an zahlreichen Orten zu finden sind.

Beutelches

TIPP
ANGEBRATENE BEUTELCHES
Besonders lecker schmecken die Beutelches, wenn es Reste gibt! Denn dann werden sie am folgenden Tag in Scheiben geschnitten und in Butter von beiden Seiten kross angebraten. Man kann die Scheiben auch vor dem Braten noch in zerschlagenem Ei wenden.

BEUTELCHES

29 **ZUTATEN**

1 kg geschälte Kartoffeln
150 g gepökeltes Schweinefleisch (Schulter)
120 g Lauch
100 g Dörrfleisch
100 g Schwartenmagen
Salz, Pfeffer, Muskat und Knoblauch

Zubereitung
Das gepökelte Schweinefleisch in leicht gesalzenem Wasser nicht ganz weich kochen, herausnehmen, erkalten lassen und in Würfel schneiden. Dörrfleisch würfeln und anschwitzen. Lauch in feine Streifen schneiden und 5 Minuten mit dem Dörrfleisch andünsten. Die rohen Kartoffeln fein reiben. Den Schwartenmagen ebenfalls würfeln und mit dem Schweinefleisch, Dörrfleisch und Lauch zur Kartoffelmasse geben. Mit Salz, Pfeffer, Muskat und Knoblauch würzen und gut vermischen. In die typischen Vogelsberger „Beutelches"(Leinensäckchen) füllen und diese in kochendes Salzwasser geben. Bei geringer Hitze ca. 1 Stunde kochen lassen. Die Beutelches unter kaltem Wasser abschrecken, damit sich der Kloß aus dem Leinensack gut löst. Zu diesem traditionellen Essen wird eine Lauch- oder Zwiebelsoße gereicht und ein grüner Salat.

BEUTELCHES SELBER NÄHEN Die typischen Leinensäckchen für die Vogelsberger Beutelches kann man sehr gut selbst herstellen: Man nimmt ein Stück Leinen (z. B. ein altes Geschirrtuch) und näht daraus längliche Beutel im Format von etwa 6 x 12 cm. Die Beutelches bleiben natürich an einer Seite offen. In die Öffnung füllt man später den Kartoffelteig. Umgestülpt sind die Beutel sehr gut waschbar und können oft wiederverwendet werden.

Salzekuche

VOGELSBERGER SALZEKUCHE
Der Salzekuchen gehört seit jeher zu Lauterbach und zum Vogelsberg. Mitte des letzten Jahrhunderts gründeten gestandene „Lüdderbächer" den Verein der „Lauterbacher Salzekuchenjungen", die zu ihren denkwürdigen Treffen nicht nur Salzekuchen, sonder auch die berüchtigten „Kännche" tranken, in denen sich ein Gemisch aus Korn und Kümmel befand.
Das Kännche, das meist 1/8 l enthielt, kreiste in der Runde und jeder nahm einen daumenbreiten Schluck aus dem Glas.

SALZEKUCHE

ZUTATEN

30

Für ein normales Backblech

750 g Brotteig (Sauerteig oder Mischbrot, beim Bäcker bestellen)
1,5 kg Kartoffeln
150 g Quark
150 g Zwiebeln
2 Eier
125 ml Öl
125 ml Milch
125 g Speck oder Dörrfleisch
Salz und Petersilie nach Geschmack

Zubereitung
Die geschälten Kartoffeln in grobe Stücke schneiden und gar kochen. Das Wasser abschütten, die Kartoffeln abdämpfen lassen und zerdrücken. Quark, Milch, Eier, Salz, Petersilie und Öl zugeben und zu einer glatten Masse rühren. Dörrfleisch und Zwiebeln in feine Würfel schneiden. Zuerst die Dörrfleischwürfel anschwitzen, dann die Zwiebeln zugeben, beides noch einige Minuten dünsten lassen, zur Kartoffelmasse geben und abschmecken. Den Brotteig ausrollen, auf das Backblech legen und die Kartoffelmasse gleichmäßig darauf verteilen. Den Salzekuchen bei ca. 220 °C im vorgeheizten Ofen 45 Minuten backen. Wenn er zu dunkel wird, die Temperatur reduzieren und eventuell mit Alufolie abdecken. Den Salzekuchen in Stücke schneiden und mit heißem schwarzem Kaffee servieren.

SAUERTEIG Sauerteig ist bei Roggenmehl unbedingt notwendig, weil Hefe hier keine Wirkung zeigt und das Brot nicht aufgeht. Sauerteig enthält Milchsäurebakterien, die Milchsäure und Essigsäure produzieren und Hefepilze. Roggenteige bedürfen der Säure, damit sie überhaupt backfähig werden. Bei Weizenmehl kann sowohl Sauerteig wie auch Hefe genutzt werden. Am besten setzt man den Sauerteig mit einer Startkultur an. Entweder man hat sich vom letzten Backen noch etwas aufgehoben oder man kauft eine Startkultur. Oder aber man besorgt sich ein Stück Sauerteig vom Bäcker. Ein Mehl-Wasser-Gemisch wird in einer Schüssel mit der Startkultur versetzt. Diese wird mit einem Tuch abgedeckt, und an einem warmen Ort lässt man sich den Sauerteig entwickeln. Dann wird er mit dem kompletten Mehl für den Brotteig zu einem Teig verknetet. Sauerteig bleibt recht weich, daher gehen Sauerteigbrote in Körbchen und werden in einer Form gebacken.

Vogelsberger Kartoffelwurst

TIPP

KARTOFFELWURST

Die Kartoffelwurst gehörte ursprünglich zu den „Arme-Leute-Rezepten" Hessens. Der Wurstmasse wurde aus Sparsamkeitsgründen bis zu 1/3 Kartoffelmasse zugefügt. Heute ist Kartoffelwurst eine wahre Delikatesse! Besonders gut schmeckt sie gebraten auf einem deftigen Bauernbrot.

VOGELSBERGER KARTOFFELWURST

31 **ZUTATEN**

600 g gekochte Kartoffeln
1 kg Schweinebauch ohne Knochen und Schwarte
1 kg Schweinefleisch (Schulter, Kamm)
60 g Pökelsalz
8–10 g Pfeffer
etwas Muskatnuss
2–3 Knoblauchzehen

Zubereitung

Das Fleisch in Stücke schneiden und mit den Kartoffeln und dem Knoblauch durch den Fleischwolf lassen (4-mm-Scheibe). Die Gewürze zugeben, richtig gut vermengen und dabei abschmecken. Die Wurstmasse nun in Schweinedärme (28/30 mm) füllen. Die Würste über Nacht an einem kühlen Ort trocken werden lassen. In einem Räucherofen – dazu kann auch ein größerer Behälter aus Blech dienen – leicht räuchern.

Die Kartoffelwurst kann auch frisch als Bratwurst gebraten werden. Oder man kocht die Wurstmasse in Gläsern ein. Die geräucherte Kartoffelwurst passt gut in deftige Eintöpfe. Dazu die Würste in Stücke schneiden, die Haut abziehen und in der Suppe heiß werden lassen.

Kochkäse

AM KOCHKÄS`
ERKENNT MAN DIE FRAU
Weil man den Kochkäse zum guten Gelingen gewaltig rühren muss, lästerte man früher: „Die bösesten Frauen machen den besten Kochkäs`!"

KOCHKÄSE

ZUTATEN 32

1 kg Schichtkäse
40 g Butter
ca. 100 ml Milch
2 Teelöffel Natron
Salz

Zubereitung
Den Schichtkäse auf ein Sieb geben und mit einem Tuch abgedeckt über Nacht abtropfen lassen. In eine Schüssel füllen, die ins Wasserbad passt. Natron und Milch über den Schichtkäse geben und gut verrühren. Abgedeckt etwa 2–3 Stunden ziehen lassen, hin und wieder umrühren. Er wird teilweise glasig. Das Wasserbad auf 60–70 °C erhitzen und die Schüssel hinein hängen. Butter und etwas Salz zugeben und so lange rühren, bis eine glatte, cremige Masse entstanden ist – fertig.
Es gibt eine ganze Reihe von Kochkäserezepten. Es kann Eigelb, Sahne, Handkäse oder sogar Blauschimmelkäse zugegeben werden – reine Geschmacksache! Gegessen wir er mit Bauern- oder Roggenbrot.

Rosentorte

ROSEN IN DER WETTERAU
An allen geraden Jahren im Juli feiert Bad Nauheims Ortsteil Steinfurth das traditionelle und prachtvolle Rosenfest. Steinfurth ist das älteste und größte der deutschen Rosendörfer und trägt die Rose sogar im Wappen. Höhepunkt des Festes ist der Rosenkorso mit seinen herrlichen Prunkwagen. Infos unter: **www.rosenfest.de**

ROSENTORTE

33 **ZUTATEN**

125 g weiche Butter
4 Eier
250 g Puderzucker
125 g Mehl
1 MS Backpulver
200 g fein gemahlene Mandeln
50 g gehobelte Mandeln
50 g Rosenblütenkonfitüre
1–2 Äpfel
etwas Butter
500 ml Sahne/Sahnesteif
2–4 cl Rosenwasser
stark duftende, unbehandelte Rosenblüten
Puderzucker

Zubereitung

Die weiche Butter mit den 4 Eigelben geschmeidig rühren. Nach und nach 100 g Puderzucker unterrühren. Das Mehl mit dem Backpulver vermischen und unterheben. Den Rührteig in einer gefetteten Backform von 26 cm Durchmesser verteilen.

Die 4 Eiweiße schlagen, bis sie cremig werden. Weiterschlagen und dabei den restlichen Puderzucker zugeben, bis die Masse steif ist. Die fein gemahlenen Mandeln untermischen und die Masse auf dem Rührteig verstreichen. Abschließend die Mandelblättchen darauf streuen. Den Teig im vorgeheizten Backofen bei mit 180 °C ca. 30 Minuten backen und in der Form erkalten lassen. Den Teig quer aufschneiden und das Oberteil in zwölf gleichgroße Stücke schneiden. Auf dem unteren Boden die Rosenblütenkonfitüre verstreichen. Den Apfel schälen und in dünne Spalten schneiden. Die Apfelspalten mit Butter in einer Pfanne andünsten und auf der Konfitüre verteilen. Die Sahne mit dem Sahnesteif aufschlagen und zum Schluss mit dem Rosenwasser aromatisieren. Die Rosensahne auf der Torte verteilen und glatt streichen. Dann die 12 Tortenstücke darauf setzen und 1–2 Stunden kalt stellen. Vor dem Anrichten die Torte mit den Rosenblüten verzieren und mit Puderzucker bestäuben.

TIPP ROSENWASSER SELBER MACHEN
Dafür nimmt man aromatische, essbare Rosenblütenblätter, die am späten Vormittag geerntet werden. Die vierfache Menge an Wasser aufkochen, über die Blätter geben und bis zum nächsten Tag ziehen lassen. Dann die Blütenblätter beiseite legen. Das Rosenwasser aufkochen, über frische Rosenblätter geben und bis zum nächsten Tag erneut ziehen lassen. Die Prozedur noch zweimal wiederholen. Das Rosenwasser zum Aufbewahren heiß in kleine Schraubdeckelgläser füllen und diese einkochen.

BLÜTEN IN DER KÜCHE Schon in der Antike wurde die Vielfalt essbarer Blumen geschätzt. Die Römer würzten ihren Wein mit Rosen und im Mittelalter war Rosensuppe eine beliebte Nachspeise. Löwenzahn, Holunderblüten, Salbeiblätter, Gänseblümchen oder Veilchen waren beliebte Zutaten und Dekorationen. Die Ringelblume wurde nicht nur gern zur Herstellung heilsamer Salben verwandt, sondern auch als „Safran der armen Leute" zur Gelbfärbung von Vanillesoße, Fisch oder Reis genutzt. Zucchiniblüten eignen sich wunderbar, um sie mit einer Farce gefüllt in Bierteig zu tauchen und zu fritieren. Blüten im Eiswürfelbehälter mit stillem Mineralwasser gefroren sind wunderbar für die Drinks auf einer Party!

ROSENMUSEUM IN STEINFURTH

Das weltweit einzige Museum zur Kunst- und Kulturgeschichte der Rose findet man im Rosendorf Steinfurth. Die „Rosenpraxis" bietet Sprechstunden und Kurse zum praktischen Umgang mit der stacheligen Schönen. Dazu gibt es Kulturgeschichte, Rosenpoesie und viel Greifbares rund um die „Blume der Liebe" und ihre Symbolik für Weiblichkeit, Schönheit und Vergänglichkeit. Info unter: **www.rosenmuseum.com**

Holunderblütensirup

HOLUNDERBLÜTENSIRUP

34 **ZUTATEN**

Zutaten
10–15 Holunderblütendolden
1,5 l Wasser
2 kg Zucker
3 Zitronen

Zubereitung
Die Stiele weitgehend abschneiden und die Blüten in ein hohes Gefäß geben. Den Schalenabrieb und Saft der Zitronen mit dem Wasser und Zucker aufkochen, abpassieren und erkalten lassen. Den Sud über die Blüten geben und das Gefäß mit einem sauberen Tuch bedecken. An der kühlsten Stelle im Haus 3–4 Tage ziehen lassen. Dann abpassieren, den Sud einige Minuten stark aufkochen und ihn heiß in Flaschen oder Gläser mit Schraubdeckeln füllen. Die Gefäße verschließen und einkochen.
Der fertige Sirup kann mit Wein, Sekt, Apfelwein oder Mineralwasser aufgegossen werden. Es lässt sich auch Apfel- oder Birnenkompott damit aromatisieren.

DIE VOLKSNAMEN DES HOLUNDERS:
Eller, Flieder, Holder, Holderbusch, Holler.

Holunderlikör

HOLUNDERLIKÖR

35 **ZUTATEN**

1 Liter Wasser
1 kg Holunderbeeren ohne Stiele
1 Zimtstange
½ Vanilleschote
10 Nelken
500 g Zucker
500 ml Doppelkorn oder Apfelbrand (38 %)

Zubereitung
Holunderbeeren im Wasser einige Minuten kräftig kochen lassen und durch ein feines Sieb oder Leinentuch abpassieren. In diesen Sud die Gewürze und den Zucker geben, kurz aufkochen und dann einen Tag stehen lassen. Brand und Sud mischen. Das Verhältnis ist 1 Teil Holunderbeerensud und 1 Teil Brand. Daraus ergibt sich der Alkoholgehalt des Likörs von 19 Volumenprozent.

VOLKSWEISHEIT:
Auf Johannistag blüht der Holler,
da wird die Liebe noch toller.

HOLUNDER Im Juni erfreut der Holunderstrauch mit seinen weißen Blüten, im September mit den lackschwarzen Beeren. Der Holunder wird bis zu 10 Meter hoch und gehört neben der Kamille zu den bekanntesten Pflanzen der Volksheilkunde. Die Blüten wirken schweißtreibend und damit fiebersenkend, die Beeren sind sehr vitaminreich. Im Holunderstrauch sitzt angeblich die Frau Holle. Das geht darauf zurück, dass die Germanen ihrer Göttin „Holda“ unter dem Holunder Opfer darbrachten. Vielleicht ist es aber auch der weiße Blütenregen, der an Schnee erinnert.

GEDICHT VOM HOLUNDER

O, wäre mein Lieb' ein Holderstrauch,
Wie der voll Blumen jeder Ast,
O, wär' ich selbst ein Vöglein!
Auf seinen Zweigen hielt ich Rast.

Wie wollt' ich trauern, säh' ich ihn
Entblättern des Novembers Weh'n!
Wie singen, sähe blühn'd und grün
Ich wieder ihn im Lenze stehn!

Robert Burns (1759–1796)

Gewächshaus

Stadtmuseum

BRÜDER GRIMM

Die vielleicht weltweit bekanntesten Köpfe Hessens, Jakob und Wilhelm Grimm, verlebten, wie sie selbst sagten, „ihre glücklichste und fruchtbarste Zeit" in Kassel und der unmittelbaren Umgebung. Hier entstand ihre Märchen- und Sagensammlung, und viele Bezüge dazu sind allenthalben anzutreffen. Auch in den Märchen selbst wurde viel gekocht und die Gastronomen der Region haben zahlreiche Gerichte auf der Karte, die einen Bezug zu den jeweiligen Figuren haben. Weitere Infos unter: www.grimmheimat-nordhessen.de

Blick auf den Herkules

Fridericianum

Blick vom Herkules auf Kassel

Was für eine Lage! Die größte Stadt Nordhessens liegt zu beiden Ufern der Fulda. Ganz schnell ist man im Grünen – auch mit dem Rad, zu Fuß oder mit dem Kanu. Welche Lust ist es, im Habichtswald oder im Reinhardswald zu wandern! Und im Stadtbezirk selbst verzaubern der Bergpark Wilhelmshöhe mit seinem schlossartigen Herkules und den berühmten Kasseler Wasserspielen. Der Bergpark Wilhelmshöhe ist übrigens der größte Bergpark Europas! Nach der alle fünf Jahre weltweit bekannten Kunstausstellung schmückt sich Kassel seit 1999 offiziell mit dem Beinamen „documenta-Stadt". Kulinarisch hat Kassel die ganze nordhessische Traditionsküche auf der Pfanne: das Weckewerk, die Ahle Wurscht, deftige Suppen und mit den „Strünkchen" ein Gemüse, das man nur hier kennt!

KASSEL

Gedämpfte mit Schmandsalat und Schwartenwurst

GEDÄMPFTE MIT SCHMANDSALAT UND SCHWARTENWURST

36

ZUTATEN

800 g mittelgroße Kartoffeln
2 EL Schmalz, Butter oder Rapsöl
100 g magerer geräucherter Bauchspeck
1 Zwiebel
Salz
400 g Schwartenwurst

Zubereitung

Die Kartoffeln schälen und vierteln. Speck und Zwiebel in kleine Streifen schneiden und in heißem Schmalz (Butter oder Rapsöl) in einer Pfanne oder einem großen, flachen Topf anbraten. Die Kartoffeln zugeben, salzen, braten und dabei oft wenden. Die Schwartenwurst (vom Metzger) in dickere Scheiben schneiden und auf die Kartoffeln legen. Zudecken und ca. ½ Stunde bei geringster Hitze schmoren lassen – das geht am besten im Ofen bei ca. 130 °C.

TIPP Die Schwartenwurst ist eine Art grobe Bratwurst mit einem größeren Anteil an Schwarten. Als Alternative kann man eine grobe Bratwurst verwenden oder auch normale Bratwürste.

SCHMANDSALAT

ZUTATEN

1 Kopfsalat
125 g Schmand
2 EL Buttermilch
½ Zitrone
Kräuter z. B. Petersilie, Dill, Borretsch, Pimpernelle, Schnittlauch
Salz, Pfeffer, eventuell etwas Zucker

Zubereitung

Die Salatsoße aus Schmand, Buttermilch, Gewürzen, etwas Zitronensaft und Kräutern mischen und abschmecken. Den Kopfsalat putzen, waschen und etwas trocken schleudern. Kurz vor dem Servieren den Salat mit der Schmandsoße anmachen.

ZWIEBEL Die Zwiebel begleitet den Menschen schon lange, sie ist eine der ältesten Kulturpflanzen und wird seit mehr als 5000 Jahren als Heil-, Gewürz- und Gemüsepflanze kultiviert. Bei den alten Ägyptern war sie Opfergabe für die Götter und Grabbeigabe. Im alten Rom wurden Brot- und Zwiebelzuteilungen für die Armen festgelegt. Im Mittelalter galt eine umgehängte Zwiebel als Schutz gegen die Pest. Im 15. Jahrhundert begann man in Holland, die unterschiedlichen Zwiebelsorten zu züchten. Man unterscheidet zwischen „Sommerzwiebeln“ und „Winterzwiebeln“. Die Sommerzwiebeln werden im zeitigen Frühjahr gesät bzw. gesteckt. Insbesondere die späteren Sorten sind bis in den März des Folgejahres lagerfähig. Die etwas saftigeren und milderen Winterzwiebeln werden im August gesät, reifen im nächsten Frühjahr und werden ab Juni geerntet. Sie sind aber nur kurze Zeit lagerfähig.

Weckewerk

TIPP
Weckewerk kann man auch in einen Wurstdarm oder in eine Kastenform füllen und dann erkalten lassen. In Scheiben geschnitten wird das Weckewerk dann in der Pfanne angebraten. Dazu gibt es Pellkartoffeln und Gewürzgurken.

WECKEWERK

37 **ZUTATEN**

1 Zwiebel
1 Knoblauchzehe
250 g Schweinefleisch (Kopf, Schulter, Kamm)
200 g Schwarten
250 g magerer Schweinebauch
2 Brötchen
Salz, Pfeffer, Nelke (gemahlen), Muskat (gemahlen), Majoran (getrocknet), eventuell Kümmel (gemahlen)

Zubereitung
Schweinefleisch und Schwarten in gewürztem Wasser garkochen und dann zusammen mit der Zwiebel, mit dem Knoblauch und dem rohen Schweinebauch durch den Fleischwolf lassen (4-mm-Scheibe). Etwas Sud aufbewahren. Das Ganze in einen Bräter oder Bratentopf geben und bei mittlerer Hitze anbraten. Dabei sehr oft rühren. Die Brötchen klein schneiden, mit etwas Kochsud begießen, zum Fleisch geben und würzen. Das Weckewerk weiter unter ständigem Rühren anbraten, bis es eine recht homogene Masse wird. Dabei eventuell noch etwas Kochsud zugeben.
Der Bräunungsgrad beim Weckewerk ist Geschmacksache. Manche mögen es recht stark angebraten.

WECKEWERK Diese nordhessische Wurstspezialität wird aus gekochten Schwarten, Gehacktem und Fleisch- oder Wurstbrühe vom Schwein hergestellt. Manchmal kommen auch gekochte Fleischstücke, Blut und Innereien dazu. Gestreckt wird das Weckewerk mit altbackenen Brötchen, daher kommt auch der Name, denn „Wecke“ heißen die Brötchen in Nordhessen. Neben der Ahlen Wurscht, der Blutwurst und der Leberwurst gehört das Weckewerk zur traditionellen Nordhessischen Schlachtplatte.

Kasseler Strünkchen

TIPP

STRÜNKCHEN SELBST ANBAUEN
Die Kassler Strünkchen lassen sich leicht im eigenen Garten anpflanzen. Der Salat wächst unkompliziert, ist robust und kann über Wochen hinweg geerntet werden.
Bezug über: **www.arche-noah.at** und **www.samenshop24.de**

KASSELER STRÜNKCHEN

ZUTATEN

38

800 g frische Strünkchen ohne Blätter
1 kleine Zwiebel
20 g Mehl
40 g Butter
250 ml Milch
2 EL Schmand
Salz, Muskat, Pfeffer

Zubereitung

Die Strünkchen putzen, in dünne Scheiben schneiden und in Salzwasser ca. 2 Minuten kochen. Danach in kaltem Wasser abschrecken. Die Zwiebel in feine Würfel schneiden und in Butter in einem Topf anschwitzen. Mehl dazugeben, glatt rühren und etwas weiter anschwitzen. 250 ml vom Kochsud und die Milch zugeben und schnell glatt rühren und unter ständigem Rühren rasch aufkochen. Den Schmand zugeben, würzen und abschmecken. Kurz vor dem Anrichten die Strünkchen in die Soße geben und erhitzen.

Wer mag, kann in die Soße auch angeschwitzte Dörrfleischwürfelchen geben. Die Strünkchen passen gut zu gekochtem Eisbein, Frikadellen und Bratwurst. Dazu gibt es Salzkartoffeln.

Auf die gleiche Weise wird auch „Schlubberkohl“ gemacht. Dafür die Blätter der Strünkchen verwenden und in fingerbreite Streifen schneiden. Den Schlubberkohl entweder kurz blanchieren oder einfach so in die fertige Soße geben.

STRÜNKCHEN Kasseler Strünkchen werden auch „Sommerendivien“, „Lattich“ oder „Spargelsalat“ genannt und sind eine alte nordhessische Spezialität. Die ursprüngliche Sorte kam zu Beginn des 19. Jahrhunderts von China nach Europa. Wenn die Pflanze in die Blüte geht, können die Strünke des Salates bis zu 60 cm in die Höhe schießen. Im Juli beginnt die Erntezeit. Sie werden mit einem „Strünkchenmesser“– einer Art Spargelschäler – geschält und am besten frisch zubereitet.

Napfkuchen

Zubereitung
Das Mehl in eine Schüssel geben und in die Mitte eine Mulde drücken. Die Hefe mit dem Zucker und der lauwarmen Milch hineingeben. Mit Mehl vom Rand her bestäuben. Die Schüssel mit einem Tuch abdecken und den Vorteig 15–20 Minuten gehen lassen. Die Butter verflüssigen und mit den restlichen Zutaten – nur die Rosinen noch nicht – zum Vorteig geben. Alles vermischen und auf einer Arbeitsplatte richtig gut durchkneten. Der Teig darf nicht mehr kleben, ansonsten noch mit etwas Mehl bestäuben und verkneten. Den Teig wieder in die Schüssel legen und zugedeckt gehen lassen, bis er fast das doppelte Volumen erreicht hat. Die Rosinen darüber streuen und nochmals verkneten. Den Teig nun in eine gut gefettete und mit Semmelbröseln ausgestreute Gugelhupfform geben und wieder zugedeckt 15 Minuten gehen lassen. Dann im vorgeheizten Backofen bei 180 °C 50–60 Minuten backen. Wenn der Kuchen oben zu dunkel wird, die Hitze noch etwas reduzieren oder mit Alufolie lose abdecken.

NAPFKUCHEN

39 **ZUTATEN**

750 g Mehl
1 Würfel Hefe
200 g Butter
200 ml Milch
150 g Zucker
2 Eier
1 Prise Salz
200 g Rosinen

TIPP
ROSINEN
Je nach Rebsorte und Herkunft unterscheidet man die drei wichtigsten Arten von Rosinen:
Sultaninen (groß, süß und kernlos),
Korinthen (klein, kernlos, schwarzbraun, kräftiger im Geschmack)
und Zibeben (Trockenbeeren am Rebstock).

NAPFKUCHEN – GUGELHUPF Der Napfkuchen ist ein Hefeteig, der meist mit Rosinen zubereitet wird. Früher wurde er in einem rundlichen Napf hergestellt, heute verwendet man die typische hohe Krankform, die in der Mitte eine Öffnung hat. Durch diese kaminartige Öffnung kann der Teig gleichmäßiger garen. Der Napfkuchen heißt auch „Gugelhupf“, „Radonekuchen“ oder „Bundkuchen“. Rezepte für diesen traditionellen Kuchen existieren schon seit dem 17. Jahrhundert. Es gab Formen aus Holz, Ton und Metall. Seit dem 19. Jahrhundert wurden die Formen fabrikmäßig erzeugt. In der Biedermeierzeit (1815 bis 1848) wurde der Gugelhupf im Bürgertum populär und galt dort als Statussymbol!

Marburger Schloss

STUDENTENSPRUCH

Wer von Tübingen kommt ohne Weib,
von Jena mit gesundem Leib,
von Helmstädt ohne Wunden,
von Jena ungeschrunden,
von Marburg ungefallen, –
hat nicht studiert auf allen.

Fritzlar, Blick auf den Dom

MARBURGS GASSEN

Der Marburger Professor für ökonomische Wissenschaften Johann Heinrich Jung-Stilling mokierte sich vor über 200 Jahren über die Altstadt Marburgs, sie läge „krumm, schief und buckelig unter einer alten Burg den Berg hinab“. Doch sei die Umgebung der Stadt „schön und sehr angenehm“.

MARBURGER LAND & SCHWALM

Marburg liegt etwa in der Mitte zwischen Frankfurt und Kassel und gilt als die Wiege Hessens! Im 13. Jahrhundert erstritt sich hier die thüringische Landgräfin Sophie für ihren Sohn eine eigenständige Landgrafschaft „Hessen".

Die Luft in der schönen Stadt an der Lahn haben schon viele wichtige Persönlichkeiten geschnuppert, unter anderem die Heilige Elisabeth, Patronin der Stadt, oder Philipp von Hessen, „Der Großmütige", auf den die Gründung der Universität zurückgeht. Historische Spuren finden sich in der Universitätsstadt treppauf-treppab, denn die Stadt ist am Berg gebaut. Die Altstadt blieb über Jahrhunderte hinweg nahezu unverändert erhalten. Ländlicher ist die Idylle in der Schwalm. Die alte Bauernlandschaft zwischen Kellerwald, Vogelsberg und Knüllgebirge begeisterte schon die Maler der ersten Künstlerkolonie im 19. Jahrhundert. Tracht, Handwerk und Backhaustradition werden in der Schwalm bis heute gepflegt.

Riwwelkuchen

RIWWELKUCHEN

40 **ZUTATEN**

Für den Teig

200 g Mehl
ca. 100 ml Milch
½ Würfel Hefe
50 g Zucker
1 Prise Salz
1 Ei
50 g Butter

Für die Streusel

100 g Mehl
100 g Zucker
75 g Butter
Zimt nach Geschmack

Zubereitung

Für den Teig in der handwarmen Milch die Hefe auflösen. Den Zucker darüber streuen und alles 15 Minuten gehen lassen. Die anderen Zutaten in eine große Schüssel geben, die Hefe-Milch darüber gießen und gut vermischen. Den Teig auf dem Tisch einige Minuten kräftig durchkneten. Ist er noch zu weich, etwas Mehl zugeben. Den Teig wieder in die Schüssel legen und mit einem Tuch bedeckt gehen lassen, bis er um die Hälfte größer geworden ist. Nach dem Gehen nochmals durchkneten und ausrollen. Eine runde Kuchenform mit Butter ausstreichen, den Teig hineinlegen, wieder zudecken und noch einmal gehen lassen.

Für die Streusel Mehl, Zucker und Butter in eine Schüssel füllen. Ein Teil des Mehls kann auch durch gemahlene Mandeln ersetzt werden. Mit beiden Händen vermischen und dann so „verriwweln", dass Streuselklümpchen entstehen. Eine Prise Zimt zugeben. Die Streusel auf dem Teig verteilen und den Kuchen in den vorgeheizten Ofen bei anfangs 220 °C schieben. Sind die Streusel goldbraun, die Temperatur auf 160 °C zurücknehmen. Je nach Dicke des Teiges benötigt der Riwwelkuchen eine Gesamtbackzeit von 20–30 Minuten.

FREUD- UND LEIDKUCHEN

Riwewelkuchen, Butterkuchen oder Zuckerkuchen sind beliebt auf ländlichen Kaffeetafeln und fester Bestandteil bei Familienfesten. Die Blechkuchen gibt es zur Kindstaufe, zur Konfirmation, zur Hochzeit und zur Beerdigung. Deswegen werden diese hausgemachten Kuchen auch gern als „Freud-und-Leid-Kuchen" bezeichnet.

Backhaus im Hessenpark

BACKHAUSKUCHEN In fast jedem hessischen Dorf gab es bis in die 1960er Jahre ein Backhaus, das sogenannte „Backes". Die Landfrauen nutzten das zentral gelegene Gebäude vor allem zum Backen von Brot und Kuchen. Da die Wärme von mehreren Personen gleichzeitig genutzt wurde, war ein Backhaus energiesparend und ressourcenschonend. Regelmäßige Backtage und Backordnungen nutzten der Gemeinschaft, denn beim Warten auf Brot und Kuchen tauschte man Neuigkeiten aus! Beheizt wurden die Öfen mit Reisig und Holz. Ein Backhaus in Aktion kann man unter anderem regelmäßig im Hessenpark im Taunus erleben. Infos unter: **www.hessenpark.de**

Himmel und Erd'

HIMMEL UND ERD'

41 **ZUTATEN**

800 g Kartoffeln
ca. 400 ml Milch
50 g Butter
Salz, Muskat
400 g geräucherte Blutwurst
400 g Zwiebeln
600 g Apfelbrei

Zubereitung

Die geschälten Kartoffeln in grobe Stücke schneiden und in Wasser gar kochen. Das Wasser abschütten und die Kartoffeln im offenen Topf abdämpfen lassen. Anschließend durch die Presse drücken oder fein stampfen. Milch mit der Butter aufkochen und mit dem Schneebesen unter die Kartoffeln rühren. Mit Salz und Muskat abschmecken.
Die geräucherte Blutwurst in ca. 1 cm dicke Scheiben schneiden und diese in einer Pfanne von beiden Seiten anbraten und warm stellen. Die Zwiebeln in Streifen schneiden und so lange im Wurstfett schmoren, bis sie leicht goldbraun sind. Den Kartoffelbrei auf einer Platte oder in einer flachen Schüssel anrichten. Die Blutwurst darauf setzen und die goldgelben Zwiebeln über die Blutwurst legen. Den selbst gemachten Apfelbrei in einer separaten Schüssel reichen.

APFELBREI

ZUTATEN

800 g Äpfel
1 MS gemahlener Zimt
Zucker nach Bedarf und Geschmack

Zubereitung

Die Äpfel schälen, sauber ausschneiden und in einen großen Topf füllen. Bis knapp zur halben Höhe der Äpfel mit Wasser angießen. Zimt dazu geben und die Äpfel sol ange köcheln lassen, bis sich die Apfelstückchen ganz leicht zerdrücken lassen. Ab und zu umrühren und schon während des Kochens die Äpfel pürrieren. Je nach Süße der Äpfel und dem persönlichen Geschmack mit Zucker abschmecken.

DER HIMMLISCHE NAME
„Himmel und Erd'" heißt dieses leckere, traditionelle Gericht wegen der Zutaten. „Himmel" steht für den Apfel, der sich hoch droben in den Wipfeln der Bäume wiegt, die Kartoffeln kommen dagegen aus dem Boden, sie stehen für die „Erd'".

BLUTWURST Die Blutwurst ist die älteste bekannte Wurstsorte. Im alten Rom wurde sie zu Ehren von Faunus, dem Gott der Fruchtbarkeit, zubereitet. Die Blutwurst ist eine Kochwurst aus gewürztem Blut – meistens vom Schwein – mit ca. 70 % vorgekochter und fein zerkleinerter Schweineschwarte. Dazu kommen je nach Sorte Speckwürfel, gepökeltes Fleisch, Zwiebeln und Brötchen. Als Gewürze werden meist Majoran und Thymian verwendet. Einige Blutwürste werden nach dem Kochen noch geräuchert und getrocknet, dadurch werden sie fast schwarz. Zusammen mit Leberwurst und gekochtem Schweinebauch gehört die Blutwurst zur traditionellen Schlachtplatte.

Rindfleisch mit Meerrettich und steifem Reis

RINDFLEISCH

42 **ZUTATEN**

750 g Rindfleisch zum Kochen, z. B. Schulter, Bug, Tafelspitz
2 Markknochen
1 kleine Stange Lauch
1 Zwiebel
1 Lorbeerblatt
Salz, Pfeffer

Zubereitung

Das Rindfleisch und die Markknochen abspülen, in ca. 3 Liter Wasser aufkochen, abschäumen und köcheln lassen. Den Lauch waschen, putzen und klein schneiden. Die Zwiebel nur schälen und halbieren. Beides zum Fleisch geben und mit Lorbeerblatt, Salz und Pfeffer würzen. Bei kleiner Hitze das Fleisch 2–3 Stunden kochen lassen, bis es gar ist. Das Rindfleisch in Scheiben schneiden und mit dem Reis und der Meerrettichsoße servieren.

STEIFER REIS

ZUTATEN

250 g Langkorn-Reis
Salz
1 MS Zimt
30 g Butter

Zubereitung

Dieser Reis zum Schwälmer Hochzeitsessen ist ganz anders als gewohnt. Den Reis in einem Topf mit der gleichen Menge Wasser aufkochen. Mit Salz würzen und zugedeckt ohne weitere Hitze ziehen lassen. Ist das Wasser ganz aufgesogen, etwas von der Rinderbrühe (siehe oben) aufgießen. Ist die Brühe fast aufgenommen, wieder Brühe zugeben. Dieses wiederholen bis der Reis gar ist. Das dauert ca. 30 Minuten. Der Reis soll nicht körnig sein, sondern eine weiche, „steife" Konsistenz bekommen. Beim Anrichten auf den Reis gebräunte Butter und Zimt gegeben.

MEERRETTICHSOSSE, AUCH „MEERCH"

ZUTATEN

2 Brötchen vom Vortag
2 Äpfel
1/3 – 1/4 Stange frischer Meerrettich
30 g Butter
Salz, Pfeffer, Zucker

Zubereitung

Die Brötchen in Würfel schneiden und in kaltem Wasser einweichen, fest ausdrücken und in eine Schüssel geben. Die Äpfel schälen, auf einer feinen Reibe reiben und dazugeben. Den Meerrettich ebenfalls fein reiben und alles gut vermischen. In einer Pfanne die Butter leicht bräunen, die Brötchen-Meerrettich-Mischung dazugeben und verrühren. Etwas von der Fleischbrühe zugießen und mit einem Schneebesen einrühren, bis eine cremige Soße entstanden ist. Mit Salz, Pfeffer und einer guten Prise Zucker würzen.

HOCHZEIT IN DER SCHWALM

Eine Braut für ihre Hochzeit einzukleiden, dauerte früher rund vier Stunden. Die Anzahl der übereinanderliegenden Trachtenröcke hatte eine besondere Aussagekraft: Je mehr es waren – und es konnten bis zu vierzehn sein – umso reicher war die Braut. Auch die Farben hatten ihre festgelegte Bedeutung: Grün und Silber waren die Farben der Braut. Gold und rot die der Brautjungfern.

Schwälmer Wecksupp'

ALLTAGSTAUGLICH
Die Wecksupp' war früher ein fester Bestandteil des Hochzeitsessens. Sie wurde vom Brautpaar aus einem großen tiefen Teller mit einem gemeinsamen Löffel gegessen. Dies war das Symbol dafür, dass die beiden nun künftig als Ehepaar „gemeinsam ihre Suppe auslöffeln" sollten.

SCHWÄLMER WECKSUPP'

43 **ZUTATEN**

- 4 Brötchen vom Vortag
- 800 ml Fleischbrühe
- 40 g Butter
- 1 MS Zimt
- 1 EL Zucker

Zubereitung

Die Brötchen in fingerdicke Scheiben schneiden und je ein Brötchen gefächert in einen der vier Suppenteller schichten. Die Fleischbrühe erhitzen und in kleinen Portionen nach und nach über die Brötchen in den Tellern gießen, bis diese sich vollgesogen haben und keine Flüssigkeit mehr aufnehmen. Die Brötchen dürfen in keinem Fall in der Brühe schwimmen! Nun die Butter leicht bräunen und ebenfalls über die Brötchen verteilen. Zimt und Zucker mischen, über die Wecksupp' streuen und die Suppe ganz heiß servieren.

ZIMT Der Zimt ist ein Gewürz aus der getrockneten Rinde von Zimtbäumen. Zimt kommt als Zimtstange oder gemahlen als typisch braunes Pulver in den Handel. Er wurde schon 3.000 Jahre v. Chr. im alten China verwendet. In Europa war Zimt bis ins 18. Jahrhundert hinein eines der teuersten Gewürze. So verbrannte beispielsweise im Jahr 1530 der Kaufmann Anton Fugger vor den Augen Kaiser Karls Schuldscheine in einem Feuer aus Zimtstangen und demonstrierte damit seinen Reichtum. Zimt wird zum Aromatisieren von Getränken verwendet, für Süßspeisen, Gebäck und seltener für Fleischspeisen. Vorsicht geboten ist bei zimtgewürzten Fertiggerichten. Hierfür wird meist der billigere Cassia-Zimt aus China, Indonesien oder Vietnam verwendet. Dieser Zimt entält das als gesundheitsschädlich geltende Cumarin. Darum soll man übrigens auch nicht mehr als 6 Zimtsterne pro Tag zu sich nehmen!

Gestrumptes

Zubereitung

Das Solberfleisch in leicht gesalzenem Wasser kochen, bis es weich ist. Das Dörrfleisch und die Zwiebel in Würfel schneiden und diese in Butter in einem großen Topf andünsten. Die geputzten und klein geschnittenen Bohnen und die in Scheiben geschnittenen Kartoffeln zugeben. Mit Wasser aufgießen, bis die Zutaten fast bedeckt sind. Klein geschnittenen frischen Majoran zufügen und mit Salz würzen. Etwa 30 Minuten leicht kochen lassen und dann zerstampfen. Vom Stampfen kommt auch der mundartliche Name „Gestrumptes". Beim Anrichten den Eintopf mit gehackter Petersilie bestreuen. Das Gestrumpte gleich auf die Teller verteilen und pro Person ein Stück Solberfleisch oder/und Leberwurst und Rote Wurst dazu legen.

GESTRUMPTES

ZUTATEN

44

750 g Kartoffeln
20 g Butter
100 g Dörrfleisch
1 große Zwiebel
750 g frische grüne Bohnen
Majoran, frisch oder getrocknet
Salz
750 g Solberfleisch (gepökeltes Schweinefleisch – Eisbein, Schulter, Kamm oder Bauch)
Rote Wurst und Leberwurst nach Geschmack
Petersilie

LIEBESKRAUT
Die Göttin der Liebe und Schönheit Aphrodite bezeichnete Majoran als Symbol der Glückseligkeit. In Griechenland hängte man daher frisch verheirateten Paaren Girlanden aus Majoran um den Hals.

MAJORAN Majoran gehört nach der Blattpetersilie zu den bedeutendsten in Deutschland kultivierten Gewürzpflanzen. Er stammt ursprünglich aus Kleinasien. Verwandt mit dem Majoran ist der Oregano, er wird auch „Dorst" genannt und ist im Geschmack herb und vorschmeckender, während Majoran eher ein kräutrig-fruchtiges Aroma hat.
Majoran heißt übrigens in manchen Regionen „Wurstkraut", weil man das Gewürz meist zum Würzen von Wurst verwendet. Außerdem kommt Majoran frisch oder getrocknet in Kartoffelgerichte, dicke Suppen und in deftige Soßen. Zum Trocknen werden die ganzen Stängel geerntet, deshalb enthält getrockneter Majoran auch Blätter, Stängel, Knospen und Blüten. Übrigens wurde Majoran auch als „Knaster" – also Kräutertabak – geraucht.

Mattekuchen

MATTE
Matte ist die hessische Bezeichnung für Quark.

MATTEKUCHEN

45 **ZUTATEN**

Für den Hefeteig

500 g Mehl
1 Würfel Hefe
60 g Zucker
50 g weiche Butter
250 ml Milch
1 Prise Salz

Für den Belag:

1 kg Quark 20% (=Matte)
200 g Zucker
3 Eier
100 g Schmand
100 ml Sahne
60 g Butter

Zubereitung Hefeteig

Das Mehl in eine Schüssel geben und in die Mitte eine Vertiefung drücken. Zucker und die handwarm erwärmte Milch in die Mulde geben. Die Hefe darin auflösen und mit etwas Mehl bestäuben. Die Schüssel mit einem Tuch abdecken und 20 Minuten an einen warmen Ort gehen lassen. Butter und Salz zugeben und alles kräftig verkneten, bis ein glatter, nicht mehr klebender Teig entstanden ist, falls notwendig, noch etwas Mehl zugeben. Am besten gelingt der Teig, wenn man ihn länger als 5 Minuten bearbeitet. Nochmals in die Schüssel legen und weiter zugedeckt bis zur 1,5-fachen Größe gehen lassen. Den Teig ausrollen und auf ein gefettetes Backblech legen, darauf achten, dass das Blech ganz bedeckt ist.

Zubereitung Belag

Quark, 150 g Zucker und 2 Eier gut verrühren und auf dem Teig verteilen. Den Kuchen so noch einmal 20–30 Minuten gehen lassen. Nun die Butter in einer Pfanne bräunen, mit dem Schmand, der Sahne, dem restlichen Zucker und dem letzten Ei verrühren und auf dem Mattekuchen verstreichen. Den leckeren Blechkuchen bei 180 °C im vorgeheizten Backofen ca. 30–45 Minuten backen.

TIPP

MATTE SELBST MACHEN: 2 l fertige Dickmilch erhitzen – aber nicht über 50 Grad, sodass die Molke von der Käsemasse abgetrennt wird. Dann das Ganze abkühlen lassen. Ein feines Sieb mit einem ganz sauberen Baumwolltuch auslegen, die Masse hineingeben und ca. 12 Stunden abtropfen lassen. Wenn man den Quark für Kuchen verwenden möchte, sollte man ihn noch einmal durch ein feines Sieb streichen, dann wird er feiner.

QUARK (MATTE) Quark ist ein Frischkäse. Zur Herstellung wird geronnene Milch durch Abtropfen in Molke und Quark getrennt. Der berühmte Historiker und Senator Tacitus führte in seinen Aufzeichnungen um 100 n. Chr. unter den germanischen Nahrungsmitteln eine geronnene Milch auf, bei der es sich vermutlich um Quark oder Dickmilch handelte. Quark enthält 10 bis 20 % Eiweiß, Calcium und Phosphat. Ricotta, der ähnlich aussieht wie Quark, wird aus den Proteinen der abgelaufenen Molke hergestellt. In Österreich wird Quark mit geringerem Wassergehalt verkauft, er nennt sich „Topfen". Der Quark hat viele Namen: „Bibbeleskäs" in Baden, „Klatschkies" im Rheinland, „Luggeleskäs" in Württemberg.

Schloss Waldeck

VIEHMARKT
Jährlich im August wird das Vieh im Waldecker Land aufgetrieben. Der „Kram- und Viemarkt“ in Bad Arolsen ist ein großes Volksfest. Den Auftakt bildet traditionell der Viehmarktsumzug, ihm folgt dann der Viehauftrieb und die Prämierung der besten Tiere. Es gibt natürlich auch einen Vergnügungsmarkt und viel zu essen!
Info unter: **www.bad-arolsen.de**

Golfplatz am Edersee

WALDECK-FRANKENBERG

Dichte Wälder, Seen mit kristallklarem Wasser, sanfte Hügel und weite Wiesen – das Waldeck- Frankenberger Land in Nordhessen zeichnet sich durch natürliche Vielfalt aus. Abwechslungsreich sind die Freizeitmöglichkeiten auf diesem schönen Fleckchen Erde: ein Ausflug zum Barockschloss in Bad Arolsen, ein Bummel durch die alten Fachwerkstädte Korbach und Frankenberg, Spaziergänge im gepflegten Kurpark von Bad Wildungen – dem größten Europas – oder ausgedehnte Wanderungen im Kellerwald. Wassersportler finden viel Vergnügen an den großen blauen „Augen“ der Region, dem Edersee, dem Diemelsee oder dem Twistesee. Die Waldecker Wirte sind herzliche Gastgeber und bemühen sich, ihre Gäste so glücklich zu machen, dass „der Gast zum Stammgast wird“.

Waldecker Krauthäubchen

46

WALDECKER KRAUTHÄUBCHEN

ZUTATEN

Für 6 Personen

1,2 kg Weißkraut
1 kg Hackfleisch vom Schwein
2 Zwiebeln
1 Ei
1 Brötchen vom Vortag
Salz, Pfeffer, Muskat
1 TL Senf

Für Helle Soße

30 g Mehl
30 g Butter
600 ml Kochsud und/oder Fleischbrühe
2 EL Schmand
1 Zwiebel
Kräuter

Zubereitung

Das Weißkraut vierteln und den Strunk herausschneiden. Das Kraut in grobe Stücke (ca. 5 cm) schneiden, in kochendem Salzwasser abkochen und in kaltem Wasser abschrecken. Auf einem Sieb abtropfen lassen. Das Brötchen in etwas Wasser einweichen. Die Zwiebeln schälen und in feine Würfel schneiden. Ei, Zwiebelwürfel und das ausgedrückte Brötchen zum Hackfleisch geben, mit Salz, Pfeffer, Muskat und Senf würzen und gut durchkneten. In eine ausgebutterte Krautkopfform abwechselnd eine Schicht Kraut und eine Schicht Hackfleisch füllen – gut andrücken. Das Gericht mit dem Deckel verschließen und in einem großen Topf mit kochendem Wasser 40 Minuten leicht kochen lassen. Das Krauthäubchen aus der Form stürzen, zuvor den Sud in einer Schale auffangen, dieser wird für die Soße gebraucht. Zum Krauthäubchen wird traditionell eine helle Soße gereicht.

Für die Soße eine Mehlschwitze herstellen. Dafür die Butter in einem Topf zerlaufen lassen, das Mehl zugeben und glatt rühren. Den Sud des Krauthäubchens mit Fleischbrühe auf 600 ml auffüllen. Dies in den Topf geben, schnell glatt rühren und aufkochen lassen. Dabei sehr oft rühren. Den Schmand und klein geschnittene Kräuter nach Belieben zugeben und abschmecken. Etwas von dem gekochten Kraut und die klein geschnittene Zwiebel in einer Pfanne mit etwas Butter anrösten. Zum Anrichten das Krautshäubchen in Scheiben schneiden und diese auf den Tellern mit der Soße anrichten. Darüber das angeröstete Kraut verteilen. Als Beilage passen am besten Salzkartoffeln.

TIPP

SPEZIELLE FORM: Für dieses Gericht benötigt man die spezielle Krautshäubchen-Form, das ist eine Art Gugelhupfform mit Deckel. Die alten Krauthäubchenformen gibt es nicht mehr im Handel. Bewährt hat sich jedoch eine Wasserbadform mit Deckel. Es gibt sie zu kaufen von Dr. Oetker. Infos unter: www.oetker.de

KRAUT Der Weißkohl, auch Weißkraut, Kappes oder Kraut genannt, ist ein Gemüse, das vor allem in Herbst und Winter Saison hat. Man nutzt ihn für deftige Eintöpfe und Krautgerichte wie Krautkuchen oder Krautrouladen. Kraut mit einem großen Kopf wird zu Sauerkraut verarbeitet, das heißt, es wird durch Milchsäuregärung konserviert. Die am meisten angebauten Krautsorten sind rundköpfig, in Süddeutschland findet man aber auch aromatischen Spitzkohl sowie das traditionelle Filderkraut bei Stuttgart. Der Weißkohl zeichnet sich durch einen hohen Anteil von Vitamin C aus. Äußerlich werden gequetschte Kohlblätter zu Heilung bei Wunden aufgelegt. Bewährt hat sich Sauerkrautsaft bei Verdauungsbeschwerden.

MARK TWAIN ÜBER DEN KOHL
„Erziehung ist alles. Der Pfirsich war einst eine Bittermandel, und der Blumenkohl ist nichts als ein Kohlkopf mit akademischer Bildung."

Waldecker Südfrüchte

WOHER KOMMT DER NAME?
Hinter dem klingenden Namen „Waldecker Südfrüchte" verbirgt sich die Steckrübe. Der Name entstand augenzwinkernd durch die schöne, orange Farbe. Steckrüben haben auch noch andere Bezeichnungen: Kohlrübe, Butterrübe, Erdkohlrabi, Unterkohlrabi.

WALDECKER SÜDFRÜCHTE

47 **ZUTATEN**

600 g Steckrüben
500 g Kartoffeln
750 g Rindfleisch zum Kochen (z. B. Dicker Bug, Brustkern, Bürgermeisterstück, Tafelspitz)
1 Zwiebel
30 g Butter
Salz, Pfeffer, Muskat

Zubereitung
Die Zwiebel schälen, in Streifen schneiden und in Butter in einem großen Topf andünsten. Das Rindfleisch darauf legen und mit Wasser bedecken. Das Fleisch aufkochen lassen, mit Salz und Pfeffer würzen und bei geringer Hitze kochen, bis das Fleisch fast gut ist. Steckrüben und Kartoffeln schälen, zugeben und noch 30 Minuten kochen lassen. Das Fleisch danach herausnehmen und warm stellen. Steckrüben und Kartoffeln stampfen, mit Muskat würzen und abschmecken. Die Waldecker Südfrüchte neben dem aufgeschnittenen Fleisch anrichten. Nach Wunsch noch etwas ausgelassenen Speck darüber geben. Die Waldecker Südfrüchte passen auch zu Schweine- und Lammfleisch oder Wild.

STECKRÜBE Steckrüben kommen ursprünglich aus Skandinavien und sind bei uns seit dem 17. Jahrhundert verbreitet. Sie wachsen in den gemäßigten Klimazonen, geerntet wird in der kühlen Jahreszeit von September bis Mai. In wirtschaftlichen Notzeiten waren Steckrüben sehr wichtig, weil sie für einen Großteil der Bevölkerung oft die letzte Nahrungsreserve bildeten. In die Geschichte eingegangen ist der sogenannte „Steckrübenwinter" während des ersten Weltkriegs 1916/1917: „Früh Kohlrübensuppe, mittags Koteletts von Kohlrüben, abends Kuchen von Kohlrüben." Da die Kartoffelernte im Herbst 1916 eine Missernte war, wurden Steckrüben als Ersatz Steckrüben herangezogen, die vorher nur Schweinefutter waren.
Steckrüben sind sehr kalorienarm. Sie enthalten Traubenzucker, Eiweiß, Fett, Mineralstoffe, Carotin und wichtige Vitamine.

Schepperlinge

TIPP

SCHEPPERLINGE ESSEN

Den Kenner erkennt man daran, dass er Schepperlinge, wenn sie heiß aus der Pfanne kommen, gleich mit Schmand oder mit einer Mischung aus heißem Speck mit Zwiebeln (Duckefett) einstreicht, sie dann zusammenrollt und geschickt über Zeigefinger und Daumen balancierend verzehrt. Reine Übungssache!

SCHEPPERLINGE

ZUTATEN

48

1 kg geschälte Kartoffeln, mehlige Sorte
2 Eier
2 EL Mehl
Salz, eventuell Pfeffer und Muskat
Speckschwarte von geräuchertem Speck

Zubereitung

Die Kartoffeln fein reiben und in einem sauberen Leinentuch über einer Schüssel gut ausdrücken. In der aufgefangenen Flüssigkeit setzt sich nach einigen Minuten die Kartoffelstärke ab. Die Flüssigkeit wird abgegossen. Nun die Stärke zu den geriebenen Kartoffeln geben. Eier und Mehl ebenfalls dazu geben, würzen und alles gut vermischen. Eine große Pfanne mit der Speckschwarte ausreiben. Jeweils 2 Esslöffel der Masse recht dünn ausstreichen und auf beiden Seiten goldbraun braten. Zum Essen die heißen Schepperlinge mit Butter bestreichen. Gut dazu passt eine Latwerge oder Zwetschgenmarmelade. Oder auch Duckefett (Speck auslassen, Zwiebelwürfel darin brutzeln). Als Alternative zur Speckschwarte kann man zum Braten auch Rapsöl oder Butterschmalz verwenden.

SPECK Speck ist das Fettgewebe, das sich vor allem bei Schweinen zwischen Haut und Muskeln befindet. Unterschieden wird dabei zwischen Rücken- und Bauchspeck. Rückenspeck ist fetter Speck aus reinem Fettgewebe, er wird ungekocht auch „grüner Speck" genannt. Bauchspeck ist mit Muskelfleisch durchwachsener Speck. Außerdem gibt es noch Schinkenspeck, der aus der Hüfte, dem am Rücken gelegenen Teil des Schinkens, hergestellt wird. Speck wird häufig zusammen mit der Haut des Schweins, der sogenannten Schwarte, angeboten, die man auch separat verwenden kann, zum Beispiel zum Ausreiben von Blechen und Pfannen.

Lumpen und Flöh

Zubereitung
Schweinebauch in mundgerechte Würfel schneiden. Dörrfleisch und Zwiebeln in feine Würfel schneiden. Beides in Butter oder Rapsöl andünsten. Den Schweinebauch zugeben und weiter andünsten, bis er leicht Farbe bekommt.

Das Weißkraut in mundgerechte Stücke schneiden, die Kartoffeln würfeln, beides zum Fleisch geben und einige Minuten andünsten. Dann mit Wasser aufgießen, sodass alles knapp bedeckt ist und mit Kümmel, Salz und Pfeffer würzen. Aufkochen lassen und bei geringer Hitze 30–45 Minuten garen. Die Flüssigkeit soll dabei etwas einkochen, dadurch wird der Eintopf sämiger. Kurz vor dem Anrichten die Petersilie fein hacken und zugeben. Noch einmal abschmecken.

Die „Lumpen und Flöh" portionsweise auf Tellern anrichten und obenauf für jeden einen Klecks Schmand setzen. Wer die ganzen Kümmelkörner nicht mag, der kann auch gemahlenen Kümmel nach Geschmack verwenden. Zu dem deftigen Gericht passt ein kräftiges Bauernbrot.

LUMPEN UND FLÖH

49 **ZUTATEN**

400 g frischer Schweinebauch (mager)
2 große Zwiebeln
50 g Dörrfleisch
30 g Butter oder Rapsöl
600 g geputztes Weißkraut (Lumpen)
600 g geschälte Kartoffeln
2 EL Kümmel (Flöhe)
Salz, Pfeffer
125 g Schmand
1 Bund Petersilie
Wasser

TIPP

GESUNDER KÜMMEL
Kümmel regt den Appetit an und unterstützt die Verdauung von fetten und blähenden Speisen. Angeblich sollen Kümmelsamen, die man in Säckchen füllt, auch Rheuma und Zahnschmerzen lindern.

KÜMMEL Kümmel ist eines der ältesten Gewürze. Kümmelfrüchte wurden in Ausgrabungen von Pfahlbauten gefunden, die sich bis auf 3.000 v. Chr. zurückdatieren lassen. Die Pflanze kann über einen Meter hoch werden. Kümmel wächst an Wegrändern und Wiesen und wird hauptsächlich in Ägypten, den Niederlanden und Osteuropa angebaut. Kümmel ist das klassische Gewürz zu schweren Speisen, er wird dem Brotteig zugemischt, Kümmel schmeckt auf Pellkartoffeln und in Krautgerichten. Handkäsliebhaber schwören auf ihn! Ganzer Kümmel verliert bei sorgfältiger Lagerung bis zu vier Jahre lang kaum an Aroma. Aus Kümmel werden auch Schnaps und Liköre hergestellt, die der Verdauung helfen sollen. In Hessen hat der 35%ige Schlitzer Burgenkümmel Tradition. Infos unter: **www.schlitzer-destillerie.de**

Schippeln und Garwurst

TIPP

LEBERWURST

Leberwurst ist eine streichfähige, teilweise auch schnittfeste Kochwurst. Leberwurst besteht aus Leber, anderen Innereien, Speck, Muskelfleisch und Gewürzen. Der Leberanteil beträgt zwischen 10 bis 30 %. Die Leberwurst wird als feine und grobe Variante angeboten, es gibt sie geräuchert oder ungeräuchert.

SCHIPPELN UND GARWURST

50

ZUTATEN

1,2 kg mittelgroße Kartoffeln
grobes Salz, Kümmel
250 g Quark 20 %
4 EL Sahne
1 Bund Schnittlauch
1 kleine Zwiebel
1–2 Zehen Knoblauch
Salz, Pfeffer
1 Leber- oder Blutwurst

Zubereitung

Die Kartoffeln gründlich waschen und der Länge nach halbieren. Ein Backblech mit grobem Salz und Kümmel bestreuen und die rohen Kartoffelhälften mit der Schnittfläche nach unten darauf legen. Die „Schippeln" bei 180 °C 30–40 Minuten backen. Zum Ende der Backzeit immer wieder kontrollieren, dass die Schippeln nicht zu trocken und hart werden. Den Quark mit Sahne glatt rühren. Schnittlauch in feine Röllchen, Zwiebel und Knoblauch in feine Würfel schneiden. Den Quark damit vermischen und mit Salz und Pfeffer abschmecken. Die heißen Schippeln mit der Hand in den Quark tauchen und ein Stück frische Leber- oder Blutwurst dazu essen. „Garwurst" ist in dieser Region der Begriff für Leber- oder Blutwürste.

SCHLACHTFEST In vielen hessischen Regionen war der Tag der Hausschlachtung früher ein Festtag. Man konnte dem Nachbarn helfen und sich danach richtig „durchfuttern". Meist wurde ein Schwein geschlachtet. Zum Wurstkochen im großen Kessel der Sommerküche waren die alten Frauen als „Kesselfrauen" eingeteilt. Am besten schmeckte die Wurstbrühe natürlich, wenn „mit dem Messer umgerührt wurde", das heißt, wenn einige der Kochwürste in der Brühe platzten! Zum zünftigen Schlachtessen gehörten am Abend Wurstsuppe, Leberwurst, Blutwurst, Bratwurst, Kesselfleisch und Sauerkraut.

Erbsensuppe mit Sauerkraut

TIPP

KRAUT EINMACHEN

Frischer Weißkohl wird fein geschnitten und in einem Topf mit dem Krautstampfer kräftig gestampft. Dabei tritt Zellsaft aus, der den Kohl schließlich ganz bedeckt. Die in der Luft vorhandenen und am Weißkohl haftenden Milchsäurebakterien bringen den Gärungsprozess in Gang. Beigefügtes Salz entzieht dem Kohl während der 4–6wöchigen Gärung die Flüssigkeit und konserviert den Saft.

Zubereitung

Die Erbsen am Vortag einweichen. Dafür doppelt so viel Wasser wie Erbsen nehmen. Das Gemüse in kleine Stücke schneiden und mit den Erbsen und dem Einweichwasser in einen großen Topf geben. Den Schweinebauch am Stück hineinlegen, aufkochen und mit Salz und Pfeffer würzen. Bei geringer Hitze 45–60 Minuten kochen, bis Fleisch und Erbsen gar sind. Das Fleisch herausnehmen und warm stellen. Die Erbsensuppe fein pürieren. Die Kartoffeln in kleine Würfel schneiden und in der Erbsensuppe 10 Minuten kochen. Zeitgleich das Sauerkraut in einem anderen Topf kochen. Dafür Zwiebel und Dörrfleisch in kleine Würfel schneiden und ohne weiteres Fett im Topf andünsten. Das Sauerkraut dazu geben und mit Wasser – bis zur halben Höhe des Sauerkrautes im Topf – angießen. Zugedeckt bei leichter Hitze etwa 30 Minuten kochen lassen. Das Sauerkraut in der Erbsensuppe gut verrühren und nochmal abschmecken. Den Schweinebauch separat servieren oder aufgeschnitten in die Suppe geben.
Gut dazu passen auch Frankfurter Würstchen, Fleischwurst, Mettwürstchen, geräucherte Bratwurst oder anderes Kochfleisch.

ERBSENSUPPE MIT SAUERKRAUT

ZUTATEN

51

250 g getrocknete grüne Erbsen
je 100 g Karotte, Lauch und Sellerie
600 g gepökelter, magerer Schweinebauch (oder auch Schulter oder Kamm)
Salz, Pfeffer
300 g geschälte Kartoffeln
1 Zwiebel
50 g Dörrfleisch
250 g frisches Sauerkraut

SAUERKRAUT ist durch Milchsäuregärung konservierter Weißkohl oder Spitzkohl. Es gilt international als eines der deutschen Nationalgerichte. Sauerkraut ist reich an Milchsäure und Vitaminen. Außerdem ist es ein „Schlankmacher“, denn Sauerkraut ist ausgesprochen kalorienarm – es hat nur 129 kcal pro 100 g. Schon im antiken Griechenland und im alten Rom war gesäuerter Weißkohl bekannt. Durch seinen hohen Vitamingehalt (besonders Vitamin C) beugte das Sauerkraut gerade in Notzeiten im Winter Mangelerscheinungen vor. Im 18. Jahrhundert wurde entdeckt, dass der Verzehr von rohem Sauerkraut Skorbut verhindert. Man setzte es darum auch ganzjährig als Proviant in der Seefahrt ein.

Zweiburgenblick

Auch die Gastronomie hat sich hat sich in dieser Region ihre Urtümlichkeit bewahrt. In den „Genussmanufakturen" des Werratal Culinariums lässt sich die Region kulinarisch erleben – von traditioneller Ahler Wurscht über Ringgauer Käse hin zu Meißner Lamm und Witzenhäuser Kirschprodukten. Infos über: **www.urlaub-werratal.nordhessen.de/de/werratal-culinarium**

Stiftsruine Bad Hersfeld

Fachwerk an der Fulda

Frau-Holle-Teich im Werratal

WALDFREVEL

Ein hübsches Pärchen ging einmal
Tief in des Waldes Gründe.
Sie pflückte Beeren ohne Zahl,
Er schnitt was in die Rinde.

Der pflichtgetreue Förster sieht's.
Was sind das für Geschichten?
Er zieht sein Buch, er nimmt Notiz
Und wird den Fall berichten.

Wilhelm Busch (1832–1908)

WERRATAL

KAUFUNGER WALD UND WALDHESSEN

Hier hat sich die Natur ihre schönsten Seiten bewahrt. Die einst abgeschirmte Lage im früheren Grenzbereich hat der Region eine reiche Vielfalt an seltenen Tier- und Pflanzenarten beschert. Der höchste Berg Nordhessens, der sagenumwobene Hohe Meißner, ist der Hausberg der Frau Holle! Wie ein glitzerndes Band durchzieht die Werra einen Teil dieser grünen Region. Durch imposante Muschelkalkklippen und bewaldete Berge, entlang unzähliger Kirschbäume, vorbei an malerischen Dörfern und Fachwerkstädten. Die Bad Hersfelder Festspiele in der weltgrößten romanischen Stiftsruine sind in jedem Jahr ein Erlebnis! Aber auch waschechter Hippie-Spirit der 68er lässt sich beim Burg Herzberg Festival aufspüren.

Wildschweinbraten mit Waldpilzen

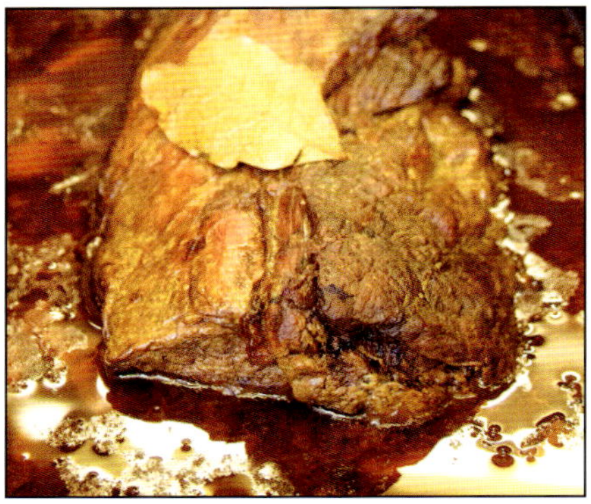

WILDSCHWEINBRATEN MIT WALDPILZEN

52

ZUTATEN

750 g Wildschweinschulter oder -keule ohne Knochen
Butterschmalz
100 g Röstgemüse
50 g Tomatenmark
100 ml Rotwein
Gewürze (Pfefferkörner, Wacholderbeeren, Lorbeerblatt)
1 Zweig Rosmarin
400 g geputzt Waldpilze (zum Beispiel Steinpilze, Pfifferlinge, Maronen)
1 kleine Zwiebel
20 g Butter
Salz, Pfeffer

Zubereitung

Das Fleisch würzen und in einem Bräter im Butterschmalz von allen Seiten gut angebraten. Fleisch herausnehmen und das Röstgemüse im Bräter kräftig angebraten. Das Tomatenmark und die Gewürze zugeben, andünsten, bis eine schöne rote Farbe entstanden ist, und mit Rotwein ablöschen. Das Fleisch wieder dazugeben, bis zur Hälfte mit Wasser auffüllen, abschmecken und leicht kochen lassen.

Ist das Fleisch gar, herausnehmen und warm stellen. Die Soße etwas einkochen lassen. Alternativ mit dem Zauberstab das Gemüse in der Soße pürieren und damit die Soße binden. Durch ein feines Sieb passieren und abschmecken.

Die geputzten Pilze eventuell kurz waschen und in gleichmäßige Stücke schneiden. Die Zwiebel in feine Würfel schneiden und mit der Butter in einem flachen Topf andünsten. Die Pilze zugeben und einige Minuten weiter dünsten, bis die Pilze gar sind. Mit Salz und Pfeffer würzen.
Den Wildschweinbraten aufschneiden und die Pilze daneben anrichten.

TIPP

WILD LAGERN

Frisches Wildfleisch hält sich nur wenige Tage. Deshalb gilt: Rasch verbrauchen oder einfrieren. Die ausgenommene Jagdbeute muss einige Tage abhängen, bis das eiweißreiche, aber fettarme Fleisch reif und mürbe geworden ist und seinen typischen Eigengeschmack entfaltet hat.

WILD Wild ist ein Sammelbegriff für alle Tiere, auf die Jagd gemacht wird. Der Begriff geht zurück auf das althochdeutsche Wort „wildi", was soviel heißt wie „wild, ungezähmt". Jagdgesetze und Jagdverordnungen regeln die Jagd, die Schonzeiten und die Hege. Die Jäger der Steinzeit nutzten fast alle Teile des Wildes. Neben Nahrung und Kleidung lieferte ihnen das Wild Material zur Fertigung von Werkzeugen, Waffen und Schmuck. Wild hat heute weltweit kaum mehr eine Bedeutung zur Deckung des täglichen Nahrungsbedarfs. Der Konsum von Wild liegt in Deutschland pro Kopf bei jährlich weniger als 1 Kilo. Dabei gilt Wild als natürliches, unverfälschtes Nahrungsmittel, ist relativ fettarm und reich an Mineralstoffen und B-Vitaminen.

JÄGERLATEIN

Es gibt „Jägerlatein" und „Anglerlatein" – unter beidem versteht man die mehr oder weniger wahren Geschichten, bei denen ein wenig übertrieben wird, was die Größe des erlegten Tieres betrifft! Bismarck sagte einmal dazu: „Es wird nie so viel gelogen wie vor der Wahl, während des Krieges und nach der Jagd."

Pilzragout mit Weckklößen

PILZRAGOUT

53 **ZUTATEN**

800 g geputzte Waldpilze
1 Zwiebel
100 g Dörrfleisch
50 g Butter oder Rapsöl
20 g Mehl
100 ml Weißwein
300 ml Milch oder Sahne
2 EL Schmand
1 Bund Petersilie
Salz, Pfeffer

WECKKLÖSSE

54 **ZUTATEN**

6–8 Brötchen vom Vortag oder die gleiche Menge Weißbrot
1 mittelgroße Zwiebel
20 g Butter
2 Eier
ca. 200 ml Milch
1–2 EL Stärke
Salz, Pfeffer, Muskat

Zubereitung Pilze

Dörrfleisch und Zwiebel in feine Würfel schneiden. Die geputzten Pilze kurz waschen und danach gut trocken schütteln. Die Pilze in gleichmäßig große Stücke schneiden und in einem großen Topf in Butter oder Rapsöl andünsten. Dörrfleisch- und Zwiebelwürfel zugeben und noch ein paar Minuten weiter dünsten, dabei öfter umrühren. Dann mit dem Mehl bestäuben, den Weißwein, Milch oder Sahne zugießen und schnell glatt rühren. Mit Salz und Pfeffer würzen. Aufkochen lassen und den Schmand und die fein gehackte Petersilie zugeben. Nochmals abschmecken und mit den Weckklößen servieren.

Zubereitung Weckklöße

Die Brötchen in Scheiben schneiden, in eine Schüssel legen und mit heißer Milch übergießen. Die Milch muss vollständig aufgenommen werden und die Brötchen müssen vollständig durchweicht sein, eventuell etwas mehr Milch nehmen. Die Zwiebel in Würfel schneiden und in der Butter andünsten. Die Eier aufschlagen und mit Zwiebeln und Stärke zu den Brötchen geben. Alles gut verkneten und würzen. Einen Probekloß rollen und diesen in kochendes Salzwasser geben. Wenn der Probekloß nicht hält, noch etwas Stärke oder Mehl zugeben. Nun die Klößchen formen und kochen.

TIPP

PILZE RICHTIG PUTZEN

Zuchtpilze sind eigentlich kaum verschmutzt. Sie brauchen deshalb weder gewaschen noch geschält zu werden. Den Pilz nur mit Küchenpapier abreiben. Beim Waschen würden sich die Pilze schnell mit Wasser vollsaugen und an Aroma verlieren. Die Stielenden vom Pilz werden abgeschnitten und mitverwendet, wenn sie nicht zu ausgetrocknet sind.

PILZE Pilze schmecken in allen Variationen. Das vielseitige Gemüse kann man kochen, schmoren, grillen, dünsten, braten oder roh essen. Pilze lassen sich auch sehr gut trocknen oder in Essig und Öl einlegen. Pilze bestehen zu 90 Prozent aus Wasser und haben mit durchschnittlich 23 kcal pro Portion (150 g) sehr wenig Kalorien. Am besten schmecken Pilze, wenn sie noch Biss haben, deshalb sollten sie maximal 5 Minuten gegart werden. Pilzgerichte erst nach dem Garen salzen, dann bleiben die Pilze saftig. Frische gehackte Kräuter verstärken den leckeren Pilzgeschmack.

TIPP

PILZE AUFHEBEN?

Reste von Pilzgerichten sollten maximal einen Tag im Kühlschrank aufbewahrt werden. Beim Aufwärmen das Gericht auf eine Mindestemperatur von 70 Grad erhitzen. Speisen, in denen rohe Pilze verwendet wurden, nicht weiter aufbewahren.

Diebchen

WURST-LOBBY
Slow Food, eine Initiative, die sich für traditionelle, handwerklich hochwertige Lebensmittel einsetzt, hat die Ahle Wurscht 2004 in die „Arche des Geschmacks" aufgenommen. Gegründet wurde dazu der Förderverein Nordhessische Ahle Wurscht e.V. Infos unter: **www.nordhessische-ahle-wurscht.de** und **ww.slowfood.de/arche_des_geschmacks**

DIEBCHEN MIT DUCKEFETT

55 **ZUTATEN**

1 kg Kartoffeln
4 Eier
120–150 g Kartoffelstärke
Majoran, frisch oder getrocknet
200 g Ahle Wurscht
Mehl, Salz, Pfeffer, Muskat

Zutaten für Duckefett
125 g mageres Dörrfleisch
250 g Zwiebeln
150 g Schmand
125 ml Milch
Salz, Pfeffer

Zubereitung Klöße
Die Kartoffeln am Vortag waschen und in der Schale kochen. Noch heiß schälen und über Nacht kalt stellen. Die Kartoffeln dann fein reiben oder durch den Fleischwolf lassen. Eier, Kartoffelstärke und fein geschnittenen Majoran dazu geben. Alles gut vermischen und mit Salz und Muskat würzen. Die Masse sollte sich gut formen lassen. Einen großen Topf mit Salzwasser zum Kochen bringen. Für die Probe ein kleines Klößchen formen und dieses einige Minuten in das leicht kochende Wasser geben. Wenn es nicht hält, noch etwas Stärke zugeben. Pro Person 4–5 Klößchen formen, in die jeweils ein Stück Ahle Wurscht eingedrückt wird. Die Diebchen in Mehl rollen und in das kochende Wasser geben. 15–20 Minuten ziehen lassen.

Zubereitung Duckefett
Dörrfleisch und Zwiebeln in feine Würfel schneiden. Beides in einem flachen Topf gut andünsten. Schmand und Milch dazugeben und kräftig durchkochen. Mit Salz und Pfeffer abschmecken.
Die Diebchen auf der Soße anrichten.

AHLE WURSCHT „Ahle" heißt im nordhessischen Dialekt „alte" und unterstreicht, dass es sich um eine lange gereifte Wurst handelt. Die Nordhessische Ahle Wurscht ist legendär! Die Rohwurst aus Schweinefleisch reift bis zu 9 Monaten und wird während dieser Zeit achtsam gepflegt. Die Ahle Wurscht entstand aus der Tradition der Hausschlachtungen. Jegliche Art von chemischen Zusätzen, die die Reife beeinflussen, sind verboten. Traditionell werden der Wurstmasse nur Salz und Salpeter und frisch gemahlene Gewürze beigegeben, die je nach Metzger variieren und der Ahlen Wurscht ihre individuelle Note geben. Gewürzt wird unter anderem mit Muskat, Nelkenpfeffer, Zucker, Knoblauch, Weinbrand und Kümmel. Je nach Hülle und Reifedauer entsteht die „Dürre Runde" oder „Kurze Stracke".

Arme Ritter

KESPERFEST
„Kesper" heißt in Mundart „Kirsche" und hat große Tradition in Witzenhausen. Dort liegt das angeblich größte geschlossene Kirschenanbaugebiet Europas! Jährlich wird im Juli die sogenannte „Kesperkirmes" gefeiert, bei der auch die neue Kirschenkönigin gewählt wird. Außerdem gibt es die Deutschen Meisterschaften im Kirschsteinweitspucken. Infos unter: www.kesperkirmes.de

Zubereitung
Die braune Rinde der Brötchen mit einer Reibe abraspeln und die Brösel zum Panieren auf einem großen Teller auffangen. Die Brötchen nun in ca. 1 cm dicke Scheiben schneiden. Eier, Eigelbe, Milch und Zucker in einer breiten Schüssel verrühren. In diese Flüssigkeit die Brötchenscheiben legen. Öfter umdrehen, damit sie sich von allen Seiten vollsaugen können. Dann die Brötchenscheiben in den Bröseln panieren, eventuell mit Semmelbröseln ergänzen. In einer großen Pfanne Butter erhitzen und darin die Armen Ritter auf beiden Seiten goldbraun braten. Kurz auf Küchenpapier setzen und dann mit Zimt-Zucker bestäuben. Sehr gut schmeckt dazu eine Kirschsoße.

Zubereitung Kirschsoße
Saft oder Rotwein mit Zucker und Zimt erhitzen. Die Stärke mit etwas kaltem Wasser verrühren und nach und nach unter kräftigem Rühren in den kochenden Sud geben. Nur so viel zugeben, bis eine sämige Soße entsteht. Vorsicht, es wird dafür nur wenig Stärke benötigt! Immer gut rühren und durchkochen lassen, bis die Bindung zu erkennen ist. Dann die Kirschen zugeben und nicht mehr kochen lassen.

ARME RITTER

ZUTATEN 56

8 Brötchen vom Vortag
2 Eier
2 Eigelbe
ca. 125 ml Milch
2 EL Zucker
Butter zum Braten

Zutaten für Kirschsoße

400 g entkernte Kirschen
200 ml Apfelsaft oder Rotwein
1 MS gemahlener Zimt
Zucker nach Geschmack
Stärke (Mondamin, Kartoffelmehl o. Ä.)

KIRSCHEN Der Vorfahre der Süßkirsche ist die Vogelkirsche. Süßkirschen zählen zum Steinobst und sie sind in vielen Sorten und Farben erhältlich. Das Angebot reicht von gelb bis dunkelrot in allen Schattierungen. Es gibt die früh reifende, weichfleischige Herzkirsche und die mittelspäte Knorpelkirsche mit festem Fleisch. Der Baum der Süßkirsche braucht nährstoffreichen Boden und eine sonniger Lage. Kirschen lassen sich zur Erntezeit gut einfrieren: portionsweise, ungekocht, mit oder ohne Stein in Beutel füllen und ab in die Truhe. Bei Bedarf eine Tüte öffnen, die Kirschen in Zuckerwasser erhitzen und abkühlen lassen.

Storzenieren mit Fleischbällchen

STORZENIEREN – WOHER DER NAME?
Der seltsame Name dieses Gerichtes leitet sich von der botanischen Bezeichnung für Schwarzwurzeln ab: „Scorzonera hispanica". Daraus machte der Volksmund dann Storzenieren.

STORZENIEREN MIT FLEISCHBÄLLCHEN

57 **ZUTATEN**

1 kg frische Schwarzwurzeln
1,5 l Salzwasser
500 g Hackfleisch (nur Schwein oder Schwein und Rind gemischt)
2 Eier
ca. 100 g Semmelbrösel
25 g Mehl
30 g Butter
1 kleine Zwiebel
100 ml Sahne
Salz, Muskatnuss, Pfeffer
Petersilie

Zubereitung

Schwarzwurzeln schälen und sofort in heißes Wasser geben und dieses aufkochen. Die Schwarzwurzeln dann bei geringer Hitze 5 Minuten ziehen lassen und anschließend in kaltem Wasser abschrecken. Vom Sud 0,5 Liter für die Soße abschöpfen. Im verbleibenden Sud werden die Hackbällchen gekocht.

Das Hackfleisch mit den Eiern und den Semmelbröseln vermischen, mit Salz, Pfeffer und Muskat würzen. Daraus ca. 30 g schwere Klößchen formen. Den Schwarzwurzelsud aufkochen und die Klößchen darin gar ziehen lassen.

Die Zwiebel in feine Würfel schneiden und in Butter in einem größeren Topf glasig anschwitzen. Das Mehl zugeben und unter ständigem Rühren eine weitere Minute anschwitzen. Den Schwarzwurzelsud zugießen und schnell mit dem Schneebesen glatt rühren. Die Sahne zugeben und gleich aufkochen lassen, würzen und dann die Schwarzwurzeln in die Soße geben. Die Fleischklößchen mit den „Storzenieren" anrichten und mit fein gehackter Petersilie bestreuen.

TIPP

SCHWARZWURZELN PUTZEN
Schwarzwurzeln zu schälen ist recht mühsam und klebrig, am besten Einmalhandschuhe verwenden. Die gewaschenen Schwarzwurzeln halbieren oder dritteln und mit einem Sparschäler zügig abziehen. Sofort in das heiße Wasser legen – Schwarzwurzeln verfärben sich schnell dunkel, wenn sie nach dem Schälen mit Luft in Berührung kommen.

SCHWARZWURZELN Die Wildform der Schwarzwurzel war schon im Altertum bekannt und wurde als Heilmittel verwendet, denn Schwarzwurzeln enthalten einen entzündungshemmenden Stoff. Insgesamt hat der „Winterspargel", wie Schwarzwurzeln gelegentlich genannt werden, nichts mit dem echten Spargel gemein. Die Stangen haben lediglich, wenn sie geschält sind, eine optische Ähnlichkeit. Gekocht sind Schwarzwurzeln butterweich und ohne spürbare Fasern. Die Schwarzwurzel war lange ein Stiefkind unter dem Wintergemüse. Dabei sind Schwarzwurzeln eine Delikatesse und erinnern mit ihrem zarten, süßlichen Geschmack an Artischocken.

TIPP

LECKER KOMBINIEREN

Schwarzwurzeln passen gut in Suppen und Eintöpfe, und sie schmecken auch als Gemüsegratin mit Bechamelsauce. Kombinieren lassen sie sich vorzüglich mit Kartoffeln, Lauch oder Sellerie. Geschälte Schwarzwurzelstangen kann man gut in Bierteig ausbacken.

Skyline von Frankfurt

Die Stadt am Main hatte schon immer etwas Besonderes, denn an lebendigem Wasser passiert viel über die Jahrtausende! Menschen, Mode und Macht kamen und gingen, Frankfurt blieb dabei stets „im Fluss“. In der Metropole und ihrem Umland ist die Beweglichkeit und Weltoffenheit stets zu spüren. Auch die Speisekarte erzählt davon. Lokale und Spezialitäten aus der ganzen Welt finden sich neben den traditionsreichen Apfelweinlokalen. Und Handkäs, Äppelwoi, Grie Soß, Rippcher und Frankfurter Werschtche sind verbindende Elemente über alle Nationalitäten hinweg.

Bolongaropalast in Höchst

Wochenmarkt

Beim Apfelwein

FRANKFURT & RHEIN-MAIN

„Als man mir das Adelsdiplom gab, glaubten viele, wie ich mich dadurch möchte erhoben fühlen. Allein, unter uns, es war mir nichts, gar nichts! Wir Frankfurter Patrizier hielten uns immer dem Adel gleich!" *Johann Wolfgang von Goethe in einem Gespräch mit Eckermann im September 1827*

Frankfurter „Grie Soß“

Zubereitung

Zuerst die Kräuter der Packung prüfen, auslesen, waschen und abzupfen. Die Kräuter mit einem Wiegemesser sehr fein schneiden. Die Eier hart kochen, schälen und halbieren. Die gekochten Eigelbe in eine größere Schüssel geben und mit einer Gabel zerdrücken. Das Sonnenblumenöl nach und nach unter ständigem Rühren mit einem Schneebesen mit den Eigelben zu einer Art Mayonnaise verrühren. Joghurt und Schmand dazu geben und glatt rühren.

Das gekochte Eiweiß mit einem Messer fein hacken und mit den Kräutern in die Soße geben. Mit Salz, Pfeffer, Zitronensaft und Senf würzen. Die grüne Soße eine Stunde ziehen lassen und dann nochmals abschmecken. Zur Grünen Soße schmecken hart gekochte Eier, gekochtes Rindfleisch oder auch Fisch wie Forelle, Lachsforelle und Zander. Traditionell werden Salzkartoffeln oder junge Pellkartoffeln dazu gereicht.

FRANKFURTER „GRIE SOSS“

58 **ZUTATEN**

1 Päckchen Kräuter „Frankfurter Grüne Soße“
300 g Naturjoghurt
300 g Schmand
4 Eier
100 ml Sonnenblumenöl
Saft von 1/2 Zitrone
1/2 TL mittelscharfer Senf
Pfeffer, Salz

TIPP

SCHNEIDEN DER KRÄUTER

Die Grüne-Soße-Kräuter dürfen keinesfalls beim Zerkleinern gequetscht werden. Durch das Quetschen tritt Saft aus, der oxidiert und unangenehme Bitterstoffe entwickelt. Daher sollte mit einem scharfen Messer gearbeitet werden.

GRÜNE SOSSE Zur Grünen Soße gehören traditionell diese sieben Kräuter: Petersilie, Borretsch, Kresse, Sauerampfer, Kerbel, Pimpinelle und Schnittlauch. Rezepte zur „Grie Soß“ gibt es viele, manche behaupten, es gibt mehr Rezepte, als als Frankfurt Einwohner zählt. Viele Genießer haben ihre ganz eigenen Mischungen und Zubereitungen gefunden – besonders dann, wenn die Kräuter im eigenen Garten oder auf dem Balkon wachsen. Auch hat der Einfallsreichtum Frankfurter Köche dazu geführt, dass die Kräuter heute in zahlreichen anderen Gerichten verwendet werden und zum Beispiel auch in Senf, Pesto oder Schokolade auf den Markt kommen.

GRÜNE-SOSSE-FESTIVAL

Seit 2007 wird das „Grüne-Soße-Festival" in Frankfurt veranstaltet. In jedem Jahr wird Ende Mai hessenweit nach dem besten „Grie Soß"-Rezept gesucht! Dazu gibt es Live-Musik, Comedy und Unterhaltung. Eine Woche lang treten je sieben Köche gegeneinander an und die sieben Grüne Soßen werden dem Festivalpublikum zur Verkostung serviert. Am letzten Abend krönt Maja Wolff, oder besser: ihr Alter Ego „Anton Le Goff", den Kräuterkönig.
Infos: www.gruene-sosse-festival.de

Handkäs mit Musik

TIPP

WIE MAN DEN HANDKÄS ISST
Zum Handkäs-Essen darf man keine Gabel benutzen, sondern nur das Messer - das ist ein ungeschriebenes Gesetz! Mit dem Messer die Butter aufs Brot streichen, ein Stück Handkäs mit Zwiebeln abschneiden und auf dem Brot platzieren – dann abbeißen.
„Musik" heißt die Marinade übrigens, weil der Genuss von Zwiebeln manchen Ton entweichen lässt ...

HANDKÄS MIT MUSIK

59

ZUTATEN

8 Hessische Handkäse
2–3 mittelgroße Zwiebeln
ca. 100 ml Weinessig
ca.150 ml Sonnenblumenöl
Salz, Pfeffer
eventuell Kümmel

Zubereitung
Die Zwiebeln schälen und in Ringe oder feine Würfel schneiden. Die Zwiebeln in einer Schüssel mit Essig und Öl übergießen und mit Salz und Pfeffer würzen, eine Stunde marinieren lassen und dann über den angerichteten Handkäsen verteilen. Wer mag, kann noch Kümmel darüber streuen. Dazu gibt es ein kräftiges Bauernbrot mit Butter.

HANDKÄS-GESCHICHTE
Geschichtlich erstmals erwähnt wird der Hessische Handkäse 1813. Damals boten Groß Gerauer Marktfrauen ihre mit der Hand geformten Käse in Mainz auf dem Markt an. Peter Traiser II aus Groß Gerau erfand 1893 eine Handkäsmaschine, mit der sich die Produktion der Handkäse steigern ließ. Dadurch wurde der kleine Käse zu einem beliebten Grundnahrungsmittel der „kleinen Leute".

HANDKÄS Am Namen erkennt man gleich: Der hessische Handkäse wurde früher natürlich mit der Hand geformt. Das „goldisch Kerlche" ist aus Sauermilchquark hergestellt, dem Natron und Salz zugegeben werden. Handkäse reift bei rund 26 Grad Celsius und 80 Prozent Luftfeuchtigkeit. Früher setzte man die Handkäse auf ein Holzbrett zum Trocknen und Reifen und bestrich sie immer wieder mit Molke.
Es gab sogar Lattenkästchen, die am schattigen Fenster hingen – die sogenannte „Käsrah". Der Fettgehalt vom Handkäs liegt bei etwa 10 %, dafür enthält er rund 25 % Eiweiß! Der „Hessische Handkäs" hat das EU-Zertifikat „geschützte geographische Angabe" und ist damit an festgelegte Produktions- und Qualitätsrichtlinien gebunden. Heute wird der Hessische Handkäse in wenigen handwerklich arbeitenden Käsereien hergestellt.

Frankfurter Würstchen im Linseneintopf

DAS FRANKFURTER PÄRCHEN
Der Name „Frankfurter Würstchen" ist geschützt. Seit 1929 dürfen Frankfurter Würstchen ausschließlich aus dem Raum Frankfurt am Main und von spezialisierten Herstellern in Neu-Isenburg und Dreieich kommen. In Frankfurt ist das legandäre Pärchen schon seit dem 13. Jahrhundert bekannt und beliebt. Die Frankfurter Würstchen sind leicht angeräucherte, dünne Brühwürste aus reinem Schweinefleisch im Saitling (Dünndarm vom Schaf).

FRANKFURTER WÜRSTCHEN IM LINSENEINTOPF

ZUTATEN

60

8 Frankfurter Würstchen
300 g braune Tellerlinsen
1 l Fleischbrühe
100 g Dörrfleisch
300 g geschälte Kartoffeln
100 g Lauch
100 g Karotten
100 g Sellerie
1 große Zwiebel
Essig (Weinessig oder Apfelessig)
Salz, Pfeffer

Zubereitung
Die Linsen am Vortag in 600 ml Wasser einweichen.
Dörrfleisch und Zwiebel in feine Würfel schneiden und in einem großen Topf ohne weiteres Fett andünsten. Die Linsen mit ihrem Einweichwasser und der Fleischbrühe dazu geben. Aufkochen, mit Salz, Pfeffer und Essig würzen und bei geringer Hitze ziehen lassen. Kartoffeln, Lauch, Karotten und Sellerie in 1 cm große Würfel schneiden. Diese etwa 30 Minuten, bevor die Linsen fertig sind, dazu geben. Je nach Beschaffenheit und Einweichzeit der Linsen ist mit einer Garzeit von 45 Minuten bis 2 Stunden zu rechnen. Die Frankfurter Würstchen werden am besten in der nicht mehr kochenden Linsensuppe erwärmt. Zur Linsensuppe gehört ein kräftiges Bauernbrot, Apfelwein oder Bier.

LINSEN Die Linse gehört schon seit Beginn des Ackerbaus vor rund 7000 Jahren zu den wichtigsten Nutzpflanzen. Im alten Ägypten waren Linsensamen ein Grundnahrungsmittel. Angebaut werden Linsen vor allem in den USA, Spanien, Chile, Argentinien, Russland und Vorderasien. Aber auch in Deutschland werden Linsen gezogen – vor allem auf den kargen Böden der Schwäbischen Alb.
Linsen besitzen einen großen Anteil an Eiweiß und auch an Zink. Sie sind deshalb ein Nahrungsmittel, das sich besonders bei vegetarischer Ernährung bewährt.

Rippchen mit Kraut

TIPP
GEWÜRZE IM SAUERKRAUT
Damit die Gewürze aus dem Sauerkraut einfach zu entfernen sind, kann man einen Leinenstoff oder auch Verbandsmull quadratisch zuschneiden, mit den Gewürzen füllen und den Beutel mit einem Faden umwickeln. Praktisch ist es auch, die Gewürze in ein Teeei zu füllen und dieses ins Sauerkraut zu hängen.

RIPPCHEN MIT KRAUT

61 **ZUTATEN**

4 gekochte Rippchen
600 g frisches Sauerkraut
1 Zwiebel
20 g Butter
250 ml Apfelwein
1 Lorbeerblatt
10 Pfefferkörner
5 Wacholderbeeren
5 Nelken
Salz, Zucker
1 große rohe Kartoffel

Zubereitung

Die Zwiebel schälen, in Streifen schneiden und in einem Topf in Butter andünsten. Das Sauerkraut mit kaltem Wasser abwaschen, abtropfen lassen und in den Topf geben. Mit Apfelwein aufgießen und die Gewürze in einem Beutelchen dazu geben. Mit Salz und Zucker würzen. Kräftig durchkochen und dann bei kleiner Hitze garen, bis das Sauerkraut weich genug ist. Die rohe Kartoffel fein reiben und am Ende der Kochzeit schnell unter das Sauerkraut mischen. Damit wird die Flüssigkeit gebunden und das Sauerkraut wird sämig.

Die Rippchen zum Heißwerden einige Minuten auf das Sauerkraut im zugedeckten Topf legen.

Zum Frankfurter Rippchen passt am besten Kartoffelbrei.

TIPP
WAS IST „PÖKELN"?
Pökeln ist ein seit der Antike bekanntes Verfahren, um Fleisch und Wurst haltbar zu machen. Man nimmt dafür ein Nitritpökelsalz. Das auf diese Weise behandelte Fleisch wird Pökelfleisch, Lakefleisch, Solber oder auch Surfleisch genannt. Wird beim Konservieren auf den Einsatz von Nitrit verzichtet und nur Kochsalz verwendet, spricht man von Salzfleisch. Pökeln kann man auch selbst: Dazu das Fleisch ca. eine Woche in eine Pökellake aus 1 Teil Pökelsalz und 10 Teile Wasser legen.

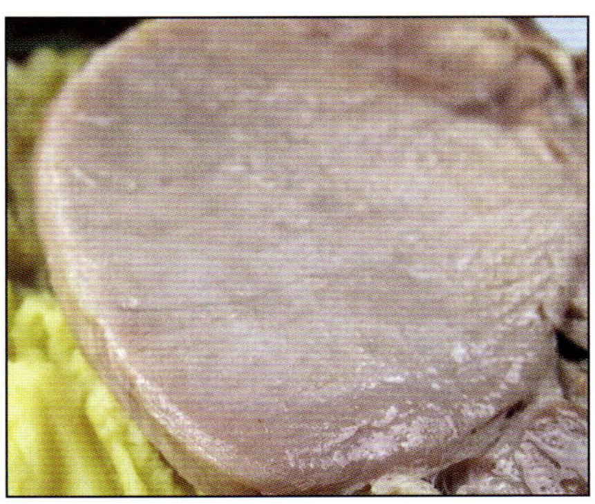

RIPPCHEN Frankfurter Rippchen sind aus der hessischen Küche nicht wegzudenken! Bei dem traditionellen Gericht handelt es sich um gepökeltes, gegartes Schweinefleisch aus dem Kotelettstrang. Im Gegensatz dazu wird beim Kasseler Rippchen das Fleisch nicht nur gepökelt, sondern auch zusätzlich geräuchert. Es gibt zwei Arten von Rippchen: Kammrippchen und Stielrippchen. Kammrippchen sind aus dem Kamm geschnitten. Sie haben nur wenig Knochen und sind durchwachsen, damit sind sie etwas fetter, aber auch saftiger. Stielrippchen haben lange Rippenknochen. Hier befindet sich das Fett nur im Randbereich und kann gut entfernt werden. Die Stielrippchen sind durch ihren geringen Fettanteil etwas trockener.

„Es is kaa Stadt uff der weite Welt,
die so merr wie mei Frankfort gefällt,
un es will merr net in mein Kopp enei,
wie kann nor e Mensch net von Frankfort sei!"
Friedrich Stoltze (1816 - 1891)

Bethmännchen

Zubereitung

Die ganzen, ungeschälten Mandeln mit heißem Wasser übergießen. Nach ein paar Minuten die Mandeln in kaltes Wasser geben und die Haut abziehen. Die Mandelhälften mit einem spitzen Messer auseinander drücken.

Die Marzipan-Rohmasse mit Puderzucker und Rosenwasser gut durchkneten. Daraus ca. 2 cm dicke Kugeln formen und diese fest auf Backpapier aufsetzen, sodass eine flache Bodenseite entsteht. Jeweils drei halbe Mandeln mit der Spitze nach oben um jeweils eine Kugel andrücken. Die Kugeln über Nacht trocknen lassen. Am nächsten Tag die Bethmännchen auf ein Backblech setzen und bei 150 °C backen, bis sie hellbraun sind. Um eine goldbraune Spitze zu erzielen, kurz vor Ende der Backzeit etwas Eigelb drauf streichen.

BETHMÄNNCHEN

62 **ZUTATEN**

250 g Marzipan-Rohmasse
20 g Puderzucker
2 cl Rosenwasser
ca. 40 ganze Mandeln
Eigelb

Die Menge reicht für ca. 24 Bethmännchen

DIE MANDELGESCHICHTE

Seinen Namen hat das traditionelle Frankfurter Gebäck um 1840 durch die Frau des Frankfurter Stadtrats Simon Moritz von Bethmann erhalten. In ihrem Haushalt arbeitete zu dieser Zeit der aus Frankreich stammende Koch Jean Jacques Gautenier. Er erfand das Gebäck als Begleitung zum Fünfuhrtee – wodurch es auch den zahlreichen Gästen bekannt wurde. Anfangs waren vier Mandelhälften in den Marzipanteig gedrückt – als Symbol für die vier Söhne der Familie. Als ein Sohn jung verstarb, wurde eine Mandel weggelassen. Dieser Tradition sind bis heute alle Konditoren treu geblieben.

MARZIPAN Marzipan besteht aus Marzipan-Rohmasse und höchstens dem gleichen Gewichtsanteil Zucker. Marzipan-Rohmasse wird aus geschälten und gemahlenen Mandeln und wiederum Zucker hergestellt. Das Verhältnis der Rohmasse zum Zucker bestimmt die Qualität des Marzipans. Die Marzipanqualität ist umso höher, je niedriger der Zuckergehalt ist. Ursprünglich stammt Marzipan aus dem Orient. Im Mittelalter kam es mit den Arabern nach Europa. Zunächst waren es die Apotheker, die Marzipan herstellten und mit Rosenwasser vermischten. Der Süßteig wurde als Potenzmittel verkauft und gegen Blähungen und Verstopfungen verordnet. Heute ist Marzipan vor allem wegen seiner Formbarkeit bei Konditoren sehr beliebt.

Der Frankfurter Weihnachtsmarkt gehört zu den ältesten und schönsten deutschen Weihnachtsmärkten. Der Römerberg verwandelt sich in den Wochen vor Weihnachten in einen festlichen Markt. Traditionell wird eine 30 Meter hohe Fichte als Weihnachtsbaum aufgestellt.

Klostergarten in Seligenstadt

UNTER APFELBÄUMEN UNTERWEGS

Die „Hessische Apfelwein- und Obstwiesenroute" ist ein 1995 gegründeter Rad- und Wanderweg in Hessen mit sechs Regionalschleifen. Dazu gehört auch die romantische Strecke um Offenbach. Die Route führt vorbei an Streuobstwiesen und regionalen Gaststätten, in denen es einen guten Schoppen als Stärkung gibt. Gekennzeichnet sind die Wege mit einem einheitlichen Logo, dem roten Apfel und grünen Pfeil. Regelmäßig erscheint der „Apfelbote" mit Tipps zu Veranstaltungen, Ausflügen und Führungen zum Thema Apfelwein. Wanderkarten und Informationen über: **www.gutes-aus-hessen.de**

Burg Dreieichenhain

Schloss Heusenstamm

OFFENBACH, HANAU & KINZIGTAL

Besucher, Radfahrer und Wanderer finden hier, rund um die „Deutsche Märchenstraße", zauberhafte Orte und Plätze. 2. Ob es der urige Wochenmarkt in Offenbach oder die herrliche Altstadt von Gelnhausen mit der Kaiserpfalz sind oder die Ausflüge auf Spuren der Brüder Grimm. Haunau ist die Geburtsstadt der Märchenbrüder und in Steinau verbrachten sie ihre Kindheit. Dort lässt sich rund ums alte Amtshaus viel Märchenhaftes erleben – unter anderem das berühmte Puppentheater „Holzköppe". Und wer ein Bad in Champagner genießen möchte, der kann in den beiden Kurstädten Bad Orb und Bad Soden- Salmünster ins Solebad steigen und das Prickeln des Thermalwassers genießen.

Mainzander im Gemüsebett

MAINZANDER IM GEMÜSEBETT

63 **ZUTATEN**

1 Zander von ca. 1,5 kg
600 g geputztes gemischtes Gemüse (z. B. Karotten, Lauch, Sellerie, Blumenkohl, Kohlrabi, Brokkoli, Erbsen, Spargel, Schwarzwurzeln)
2 Schalotten
2 Dillzweige
2 Petersilienstängel
500 ml Weißwein
Butter
Salz, Pfeffer

Für die Herzoginkartoffeln

600 g geschälte Kartoffeln
3 Eigelbe
Salz, Muskat
Butter, Semmelbrösel

Zubereitung Zander

Den Zander am besten schon geschuppt kaufen. Alle Flossen mit einer Küchenschere abschneiden. Den Fisch auf beiden Seiten fünfmal einschneiden, damit er gleichmäßiger durchgart. Mit Salz und Pfeffer würzen und die Kräuter in den Bauchraum stecken.
Das Gemüse in gleichmäßige Stücke schneiden. Die Schalotten fein würfeln und in einem passenden Bräter in der Butter andünsten. Das Gemüse zugeben und dieses einige Minuten dünsten lassen. Mit Salz und Pfeffer würzen. Dann den Zander auf das Gemüse setzen, mit dem Weißwein begießen und in den vorgeheizten Ofen bei 180 °C schieben. Die Garzeit beträgt ca. 30 Minuten. Vor dem Herausnehmen eine Garprobe mit einem spitzen Messer machen.
Zum Servieren zuerst das Gemüse auf einer Platte verteilen und den ganzen Zander darauf legen. Den Zander mit dem Dünstfond übergießen. Als Beilage eignen sich Salzkartoffeln, Bandnudeln oder Herzoginkartoffeln.

Zubereitung Herzoginkartoffeln

Die Kartoffeln werden in Wasser gekocht, abgeschüttet und abgedämpft. Dann die Kartoffeln durch die Presse drücken und mit Eigelb, Salz und Muskat vermischen. Die Masse in einen Spritzbeutel füllen und als Rosetten auf ein Blech setzen. Die Spitze mit etwas Semmelbrösel bestreuen, ein Butterstückchen darauf geben und im Backofen bräunen.

TIPP

ZANDER SELBST SCHUPPEN

Als erstes mit der Küchenschere alle Flossen abschneiden. Dann den ganzen Zander in eine große Plastiktüte stecken. Die Tüte ins Spülbecken legen, mit den Händen hineingreifen und den Fisch mit einem Löffel oder dem Messerrücken vom Schwanz zum Kopf hin abschaben. Durch die Plastiktüte spritzen die Schuppen nicht in die Küche. Abschließend den Fisch unter kaltem Wasser abspülen.

FISCHE IN HESSEN In unseren Gewässern leben über 90 Süßwasser-Fischarten. Die heimischen Fische sind schmackhaft und gesund. Sie enthalten hochwertiges, leicht verdauliches Eiweiß und viele Vitamine und Mineralstoffe. Süßwasserfische haben einen Anteil von ca. 20 % am Fischkonsum in Deutschland. In Hessen findet man vor allem: Aal, Bachforelle, Bachsaibling, Bachneunauge, Flussneunauge, Hecht, Karpfen, Lachs, Regenbogenforelle, Rotfeder, Schleie, Wels und Zander. Angeln erfreut sich auch in Hessen immer größerer Beliebtheit.
Infos: **www.angeln-und-jagen.de**

Quer dorsch de Garde

TIPP

SAISONGEMÜSE

Natürlich, nachhaltig und ökologisch sinnvoll ist es, Produkte zu verwenden, die aus heimischem Anbau stammen – also nur kurze Wege hinter sich haben – und deren natürliche Reifezeit zum Lebensrhythmus des Menschen passt. Unterstützung bietet hier der neue Saisonkalender „Heimisches Obst und Gemüse" der Verbraucherzentrale Hessen. Infos unter **www.verbraucher.de/ernaehrung/**

QUER DORSCH DE GARDE

64

ZUTATEN

750 g geputztes Gemüse (Karotten, Lauch, Blumenkohl, Bohnen, Sellerie, Spargel, Kohlrabi usw.)
1 mittelgroße Zwiebel
30 g Butter
600 ml Fleischbrühe
250 g geschälte Kartoffeln
4 geräucherte Bratwürste
Salz, Pfeffer, Muskat
1 Bund Petersilie

Zubereitung

Die Zwiebel schälen und in feine Würfel schneiden. Das geputzte Gemüse in gleichmäßig große Stücke schneiden oder zerteilen. Die Kartoffeln in kleine Würfel schneiden. Zunächst die Zwiebelwürfel in Butter in einem großen Topf anschwitzen. Das Gemüse zugeben und noch einige Minuten weiter anschwitzen. Jetzt die Kartoffeln zugeben und mit der Fleischbrühe aufgießen. Das Gemüse sollte mit Flüssigkeit bedeckt sein, sonst noch etwas Wasser zugeben. Aufkochen, dabei würzen und abschmecken. Bei geringer Hitze so lange köcheln, bis das Gemüse weich ist. Die geräucherten Bratwürste in Scheiben schneiden und in der Suppe erwärmen. Über den angerichteten Eintopf fein gehackte Petersilie streuen.

GEMÜSE Gemüse ist gesund, denn die verschiedenen Gemüse bieten reichlich Vitamine, Mineral- und Ballaststoffe. Vor allem Gemüse aus dem Freiland schützten die Gesundheit: Sie stärken das Immunsystem, wirken gegen schädliche freie Radikale, senken den Cholesterinspiegel und beugen Krebserkrankungen vor. Wer viel Obst und Gemüse isst, erkrankt weniger an Herz- und Kreislaufleiden und bekommt seltener Erkältungen. Am besten ist natürlich die Bio-Qualität. Die Kontrolle erfolgt durch die EU-Bioverordnung und die Richtlinien der Anbauverbände. In der deutschen Arbeitsgemeinschaft für ökologischen Landbau (AGÖL) sind derzeit neun Verbände organisiert: ANOG, Bioland, Biokreis Ostbayern, Biopark, Demeter, EcoVin, Gäa, Naturland und Ökosiegel.

Orber Esterhazy

Zubereitung

Schweine- und Rindfleisch getrennt in gleichmäßig große Stücke (ca. 4 x 4 cm) schneiden. Die Zwiebeln in Streifen schneiden, den Knoblauch fein würfeln. Einen Bräter oder Römertopf mit Öl ausstreichen. Zunächst das Schweinefleisch hinein geben und mit Salz und Pfeffer würzen. Als nächste Schicht die Hälfte der Zwiebeln und Knoblauch auf dem Fleisch verteilen und ebenfalls würzen. Dann das Rindfleisch darauf legen, würzen und die restlichen Zwiebeln und des Knoblauchs darauf schichten. Auch jetzt noch einmal würzen. Mit Apfelwein und Brühe angießen und das Gericht im vorgeheizten Ofen ohne Deckel bei 200 °C 1,5–2 Stunden garen.

Bei größeren Mengen einfach weitere Schichten einfüllen! Den Schluss muss aber immer eine Zwiebelschicht bilden.

ORBER ESTERHAZY

ZUTATEN

Für 8 Personen

750 g Schweinekamm
750 g Rindfleisch vom Bug
Salz, Pfeffer
2–4 Knoblauchzehen
8 Gemüsezwiebeln
125 ml Apfelwein
125 ml Fleischbrühe

NAMEN VON GERICHTEN Die Sitte, Speisen bestimmte Namen zu geben, war vor allem im 18. und 19. Jahrhundert sehr beliebt. Dabei gibt es insbesondere vier Arten der Namensgebung. Zum ersten benannte man das Gericht nach dem Berufsstand, der es zubereitet hatte, zum Beispiel „nach Art des Chefs“ oder „nach Hausfrauenart“. Eine zweite Art wählte den Ort, die Region oder das Land, wie „hessische Art“, eine dritte Bezeichnung orientierte sich an einem berühmten Hotel oder Restaurant (wie „Waldorfsalat“) und die vierte Möglichkeit, ein Gericht mit einem Namen zu „verzieren“, bediente sich einer bekannten Persönichkeit. „Pfirsich Melba“ zum Beispiel servierte der berühmte Meisterkoch Auguste Escoffier 1892 der reizenden Sängerin Nellie Melba. Im „Orber Esterhazy“ sind gleich zwei Namensgeber enthalten – die ungarische Familie Esterházy und der Kurort Bad Orb.

ALLES IN EINEM TOPF
Das Orber Esterhazy ist ein überliefertes Gericht aus Bad Orb. Es geht zurück auf die Zeit, als ungarische Truppen in Orb einfielen, alle Vorräte plünderten und wohl auch oft in einen Topf warfen. Esterházy ist der Name einer alten, bedeutenden ungarischen Hochadelsfamilie.

Kartoffelgemüse mit Bratwurst

TIPP KARTOFFELN SIND GESUND
Kartoffeln sind vielfältig und gesund – und sie machen nicht dick! Kartoffeln bestehen zu 77 % aus Wasser, deshalb enthält eine Portion Kartoffeln auch nur rund 140 Kalorien, eine Portion Reis dagegen 360 Kalorien. Allerdings nur, wenn die Kartoffeln mit wenig Fett zubereitet werden! Kartoffeln haben wertvolle Mineralien und Spurenelemente wie Magnesium, Kalium, Kalzium, Phosphor und Eisen. Und sie bieten sogar doppelt so viel Vitamin C wie ein Apfel.

KARTOFFELGEMÜSE MIT BRATWURST

66

ZUTATEN

600 geschälte Pellkartoffeln
30 g Butter
30 g Mehl
500 ml Milch oder Fleischbrühe oder gemischt
1 kleine Zwiebel
50 g Dörrfleisch
Wein- oder Apfelessig nach Geschmack
1 kleiner Bund Petersilie
1 EL Schmand
Salz, Pfeffer, Muskat
4 Pärchen Bratwurst, Bratfett

Zubereitung
Die Pellkartoffeln in Scheibchen, die Zwiebel und das Dörrfleisch in feine Würfel schneiden. Die Würfel in der Butter in einem größeren Topf andünsten. Das Mehl zugeben und schnell glatt rühren. Dann die Flüssigkeit komplett in den Topf geben und mit dem Schneebesen gut verrühren. Die Soße unter ständigem Rühren schnell aufkochen lassen. Die Kartoffelscheiben einlegen und erwärmen. Würzen und mit Wein- oder Apfelessig abschmecken. Kurz vor dem Anrichten den Schmand und die fein gehackte Petersilie zugeben.
Die Bratwurst in einer Pfanne braten. Zum Kartoffelgemüse passen auch angebratene Blutwurst, Fleischwurst oder Frankfurter Würstchen.

KARTOFFELN Ursprünglich stammt die Kartoffel aus Südamerika, ihre Spuren gehen 13.000 Jahre zurück. Erst im 16. Jahrhundert kam sie nach Europa. Geschätzt wurden zuerst die Blüten als Schmuck für die Damen bei Hofe. Die Kartoffel als Nahrungsmittel konnte sich nur langsam durchsetzen, man hielt sie für Teufelszeug. Daran änderte erst der preußische König Friedrich II etwas, der die ungeliebten Knollen verbreiten ließ. Inzwischen ist die Kartoffel ein wichtiges Grundnahrungsmittel. Sie gehört zur Familie der Nachtschattengewächse. Essbar sind nur die unterirdischen Knollen. Beeren und Blätter dagen sind giftig. Das Wort Kartoffel stammt aus dem italienischen Wort „Tartufolo“, was soviel heißt wie „Trüffel“. Weltweit werden jährlich etwa 300 Millionen Tonnen Kartoffeln geerntet.

Karthäuserklöße

DER NAME KARTHÄUSER
Die Karthäuserklöße waren früher ein Arme-Leute-Essen in Osthessen und Franken. Der Name kommt von den Kartäusern, einem katholischen Orden, dessen Anhänger sich eine einfache Lebensweise mit fest geregeltem Tagesablauf auferlegten.

KARTHÄUSERKLÖSSE

ZUTATEN

67

4 Milchbrötchen vom Vortag
2 Eier
ca. 250 ml Milch
80 g Zucker
Butter zum Braten

Für die Weißweinsoße

400 ml Weißwein
50 g Zucker
2–3 TL Stärke
½ Vanillestange
2 Eigelbe
1 EL Schmand

Zubereitung
Die Milchbrötchen halbieren und die Rinde auf einer Reibe abreiben. Den Abrieb in einer Schüssel auffangen. Eier, Milch und Zucker verrühren und darin die Brötchen einige Minuten einweichen. Dann die Brötchen ausdrücken und in dem abgeriebenen Weckmehl wenden. In einer großen Pfanne Butter heiß werden lassen. Die Karthäuserklöße bei mittlerer Hitze von allen Seiten goldbraun-knusprig braten und dann mit der Weißweinsoße servieren.

Zubereitung Weißweinsoße
Die Vanilleschote der Länge nach halbieren und mit der Messerspitze das Mark herausschaben. Das Vanillemark mit Wein und Zucker aufkochen. Die Stärke mit etwas kaltem Wasser verrühren und nach und nach soviel davon unter ständigem Rühren in die kochende Soße geben, bis die gewünschte Bindung entsteht. Die Eigelbe und den Schmand unter die nicht mehr kochende Soße rühren und eventuell mit etwas Zucker abschmecken. Nicht mehr kochen lassen, sonst gerinnt das Eigelb.

VANILLE Die Vanille stammt aus Mexiko. Sie gehört zu den Gewürzen, denen man eine liebesstärkende Kraft nachsagt. Bei den Azteken hieß sie „tiefgründige Blume" und Aztekenherrscher Montezuma soll täglich 50 Tassen einer Kakao-Vanille-Mischung verzehrt haben. Das meiste Aroma der Vanille ist nicht im Mark, sondern in der Schote enthalten. Die Aromastoffe lassen sich durch Aufkochen in Milch, Sahne oder anderen Flüssigkeiten lösen – daraus entsteht eine köstliche Vanillesoße.

Rhöner Weideochse

WEIDEOCHSE

Der Rhöner Weideochse ist seit dem 18. Jahrhundert auf Rhöner Höfen zu Hause. Die Kälber von Fleckviehkühen gehören zu einer besonders widerstandsfähigen Mittelgebirgsrasse. Die Tiere werden auf den Höfen geboren und ohne Wachstumsförderer in aller Ruhe aufgezogen. Im Sommer weiden sie auf den Rhöner Bergwiesen, im Winter werden sie mit Heu und Getreideschrot gefüttert.

Rhön-Panorama

Stadtschloss in Fulda

Schlosspark in Fulda

Dom, Schlossgarten, Orangerie

RHÖN & FULDA

BIOSPHÄRENRESERVAT RHÖN

1991 wurde die Rhön länderübergreifend von der UNESCO als Biosphärenreservat anerkannt. Ziel ist es, die biologische Vielfalt zu schützen und dabei gleichzeitig die wirtschaftliche und soziale Entwicklung der Region zu fördern. Biosphärenreservate sind Modellregionen für nachhaltige Entwicklung. Es geht um den versöhnenden Ausgleich zwischen wirtschaftlichen Interessen und der Bewahrung alter Kulturlandschaften. Es werden neue wirtschaftliche Modelle erprobt, aber auch traditionelle und schonende Methoden aus Land- und Forstwirtschaft wiederbelebt. Dies betrifft zum Beispiel auch die Förderung des Rhönschafs oder des Weideochsen, der auch als „Biosphärenrind" bezeichnet wird. Infos unter: **www.biosphaerenreservat-rhoen.de**

Rhöner Lammfleischtiegel

RHÖNER LAMMFLEISCHTIEGEL

68 **ZUTATEN**

500 ml kräftiger Apfelwein
60 g Rhöner Honig
2 EL Apfelessig
1 Thymianzweig
600 g Keulenfleisch vom Rhönschaf
150 g Zwiebeln
Rapsöl oder Sonnenblumenöl zum Anbraten
1 EL Tomatenmark
50 g Weizenvollkornmehl
150 g Wurzelgemüse
2 säurebetonte Äpfel
etwas frischer Rosmarin und Thymian
Salz, frisch gemahlener Pfeffer

Zubereitung

Für die Beize Apfelwein, Honig, Apfelessig, Thymianzweig und 1 TL Salz in einen Topf geben, aufkochen und wieder erkalten lassen. Das Lammkeulenfleisch in etwa 2 cm große Würfel schneiden und 1–3 Tage in diese Marinade legen. Das Lammfleisch in ein Sieb geben und die Marinade in einer Schüssel auffangen. Die Zwiebeln schälen und fein würfeln. Das Öl in einer großen Pfanne erhitzen und das Fleisch darin anbraten. Die Zwiebelwürfel zugeben und anbraten. Mit wenig Marinade ablöschen, das Tomatenmark hinzugeben und kurz anschwitzen. Das Mehl einstäuben und mit der restlichen Marinade auffüllen. Etwa 40–60 Minuten schmoren lassen. Wenn noch mehr Flüssigkeit benötigt wird, mit Apfelwein aufgießen. Das Wurzelgemüse schälen und in Würfel schneiden. 10 Minuten vor Ende der Garzeit die Gemüsestreifen hinzufügen. Die Äpfel ebenfalls waschen, entkernen und in Würfel schneiden. Die Kräuter waschen, trocken schütteln und fein hacken. Äpfel mit den Gewürzen und Kräutern zugeben und abschmecken. Das Gericht mit breiten Rhöner Nudeln servieren.

RHÖNER PLATT

Typisch für den Dialekt der Rhön ist der Anlaut W, der zu einem B wird. Aus „wie" wird „bie", aus „was" wird „bas".

Wenn wir reden, versteht ihr kein Wort mehr!
Boann mäi schwoaddze, foastädd äi käi wúrd mää!
Mach was Du willst!
Moch bos de west!
Wir gehen arbeiten.
Mäi genn ärwed.
Komm einmal zu mir!
Ge' ma haa!
Er trinkt zuerst ein Bier.
Doa pfizd e ärschd e Gaales.

DAS RHÖNSCHAF Das Rhönschaf ist eine landschaftstypische Schafrasse der Rhön. Man erkennt es am schwarzen Kopf, der bis hinter die Ohren ohne Wolle ist. Das Rhönschaf gilt als eine der ältesten Nutztierrassen Deutschlands. Es ist bestens geeignet für das raue Mittelgebirgsklima der Rhön. In den Akten des Hochstifts Fulda findet man als Notiz von 1844: „Das gewöhnliche Schaf des Rhönlandwirtes ist ein gemeines teutsches Schaf in einer eigenthümlichen Art, welches selbst im Ausland unter dem Namen ‚Rhönschaf' gekannt wird. Es ist von großem Körperbau, starkknochig und von großer Mastfähigkeit". Napoleon I. ließ Rhönschafe aus der Rhön nach Paris bringen, da ihm das Fleisch so gut gemundet hatte. Heute liegt der Gesamtbestand dieser widerstandsfähige Rasse im fünfstelligen Bereich.

Rhöner Dätscher

TIPP
SÜSS ODER SALZIG
Den Kartoffeldätscher kann man süß – wie hier beschrieben – oder auch herzhaft zubereiten. Dazu wird der Kartoffelbelag nicht mit Zimt und Zucker, sondern mit Salz und Pfeffer bestreut.

RHÖNER DÄTSCHER

69 **ZUTATEN**

700 g gekochte Kartoffeln vom Vortag
500 g Mehl
1 Würfel Hefe
1 EL Zucker
1 Ei
ca. 125 ml Milch
1 Prise Salz
100 ml Sahne
150 g Schmand
100 g Semmelbrösel
200 g Zucker
1 TL Zimt

Zubereitung
Die gekochten Kartoffeln fein reiben. Das Mehl in eine große Schüssel geben und in die Mitte eine Vertiefung drücken. Den Zucker, Hefe und handwarme Milch hineingeben und etwas vermischen. Diesen Vorteig mit einem Tuch abdecken und ca. 20 Minuten zum Gehen warm stellen. Dann Kartoffeln, Ei und Salz zugeben und zu einem geschmeidigen Teig verkneten. Diesen wieder in die Schüssel geben und zugedeckt erneut gehen lassen. Danach den Teig auf ein gefettetes Backblech legen und ausrollen. Die Sahne mit dem Schmand glatt rühren und auf den Teig streichen. Die Semmelbrösel darüber verstreuen und darauf eine Mischung aus Zimt und Zucker streuen. Den Dätscher bei 200 Grad backen, bis er goldbraun geworden ist.

SCHMAND Schmand ist mild-saurer Rahm mit mindestens 20 % Fett, oft aber auch mehr.
Sauerrahm, Saure Sahne, Schmand und Crème fraîche sind Sauermilcherzeugnisse, die mit speziellen Milchsäurebakterien behandelt werden. Sie enthalten unterschiedliche Fettmengen: Sauerrahm und Saure Sahne haben ca. 10 %, Schmand ca. 20 % und Crème fraîche mindestens 30 %. Der säuerliche Geschmack der verschiedenen Sorten nimmt mit steigendem Fettgehalt ab. Schmand ist vor allem bei uns in Hessen beliebt. Unter anderem werden damit der berühmte Schmandkuchen gebacken und die Schmandsoße gerührt.

Gebackene Rhöner Bachforelle

TIPP

FORELLE GANZ FRISCH
Frische Forellen erkennt man an den klaren Augen und der glänzenden, schleimigen Haut. Nicht mehr ganz frische Fische haben trübe, eingesunkene Augen, eine angetrocknete Haut und riechen „fischig".

GEBACKENE RHÖNER BACHFORELLE

ZUTATEN 70

- 4 Rhöner Bachforellen
- 2 Eier
- Mehl
- Semmelbrösel
- Butter und Rapsöl zum Braten
- Salz, Pfeffer

Zubereitung
Die Forellen auswaschen und etwas trocken tupfen. Mit Salz und Pfeffer würzen und mit Mehl bestäuben. Die Eier in einer flachen Schüssel verrühren und darin die Forellen wenden. Dann in den Semmebröseln wälzen und diese gut andrücken. In einer großen Pfanne – die Forellen müssen in der ganzen Länge hinein passen – Butter und Rapsöl erhitzen und darin die Forellen braten. Die Hitze darf nicht zu hoch sein, sonst wird die Panade schnell zu dunkel. Die Forellen brauchen ca. 15 Minuten, dabei mehrmals wenden. Alternativ können sie auch nach dem Anbraten in den vorgeheizten Ofen bei 150 °C geschoben werden und sind dort in ca. 15 Minuten fertig gebraten.
Dazu passen Kräuterschmand, Salzkartoffeln und ein frischer Salat.

RHÖNER BACHFORELLE Durch Projekte des UNESCO-Biosphärenreservates Rhön soll verstärkt auch die Fischart Rhöner Bachforelle wieder etabliert werden. In den Zeiten von Bach-Verbauung und Belastung durch Abwässer ist die Bachforelle immer mehr aus den natürlichen Gewässern verschwunden. Ohne die Bachforelle würde unter anderem auch die Flussperlmuschel in der Rhön verschwinden, da sich die jungen Muschellarven der Forelle als Wirt bedienen. Jährlich zur Laichzeit wird ein Teil der Bachforellen zur Gewinnung von Eiern gefangen und zur Zucht verwendet. Jungfische werden dann kontrolliert wieder in die Bäche eingesetzt.

Hackfleisch-Kraut-Pfanne

ALTE ZEITEN
Im Museumsdorf in Tann sind heimische Tradition und Baukunst hautnah zu erleben.
Die Hofanlage zeigt, wie man um 1800 in der Rhön lebte. Auch die kleinen Hausgärten und das Backhaus sind originalgetreu nachgebildet. Infos unter:
www.tanner-museen.de

HACKFLEISCH-KRAUT-PFANNE

71 **ZUTATEN**

600 g Hackfleisch (nur Schwein oder gemischt mit Rind)
2 mittelgroße Zwiebeln
etwas Rapsöl zum Anbraten
600 g Weißkraut, geputzt
300 g Sauerkraut
1–2 Knoblauchzehen
30 g Tomatenmark
Majoran, getrocknet
250 ml Fleischbrühe
2 EL Schmand
Salz, Pfeffer, Muskat, Paprika edelsüß, Kümmel gemahlen

Zubereitung
Die Zwiebeln in Würfel schneiden, Knoblauch fein hacken. Beides mit dem Hackfleisch in einem großen Topf in Rapsöl anbraten. Wenn das Hackfleisch Farbe bekommt, das Tomatenmark zugeben und noch einige Minuten weiter braten. Dabei immer kräftig rühren. Das Weißkraut in kurze Streifen schneiden und mit dem Sauerkraut zum Hackfleisch geben. Weiter kräftig rühren und dabei bereits mit Salz und Pfeffer würzen. Nach einigen Minuten dann Majoran zugeben und mit der Fleischbrühe ablöschen. Aufkochen lassen und die weiteren Gewürze zugeben. Zugedeckt 30 Minuten bei geringer Hitze schmoren lassen, dabei öfter umrühren. Zum Schluss den Schmand unterziehen, nochmals aufkochen und abschmecken. Die Fleischbrühe kann auch zum Teil durch Apfelwein ersetzt werden. Gut zu diesem deftigen Gericht passen Bratkartoffeln, breite Nudeln oder Kartoffelbrei.

HACKFLEISCH Hackfleisch ist gehacktes, grob entsehntes Muskelfleisch und darf, wenn man es fertig kauft, als einzige Beigabe maximal 1 % Salz enthalten. Wegen der vergrößerten Oberfläche ist rohes Hackfleisch sehr schnell verderblich. Schweine- und Rinderhackfleisch sind in Deutschland am weitesten verbreitet, oft halb und halb gemischt. Schweinehackfleisch darf maximal 35 % Fett enthalten und Rinderhackfleisch maximal 20 % Fett. Daraus gemischtes Hack darf höchstens 30 % Fett enthalten.

Äppelkrembel

> **APFELINITIATIVE**
> Fast 500 Apfelsorten gibt es im Biosphärenreservat Rhön. Eine solche Vielfalt ist in ganz Europa beispiellos. Die Rhöner Apfelinitiative e.V. fördert seit 1995 Projekte und Ideen, die der Erhaltung und Weiterentwicklung der typischen Streuobstbestände der Rhön dienen. Seit Jahren wird rund um den Rhöner Apfel experimentiert. Neben Apfelweinen wurden ApfelSherry entwickelt, Apfelsenf, Apfelbratwurst, aber auch kulturelle Projekte wie das Rhöner Apfel Sherry Theater. **www.rhoenapfel.de**

ÄPPELKREMBEL

ZUTATEN 72

4 große säuerliche Äpfel
150 g Butter
200 g Zucker
1 TL Zimt
200 g Mehl

Zubereitung

Eine große feuerfeste Form mit Butter ausstreichen. Die Äpfel schälen, vierteln und das Kerngehäuse ausschneiden. Dann in Würfel schneiden und in die Form geben. Butter, Zucker, Zimt und Mehl in eine Schüssel geben. Mit den Händen die Zutaten zunächst verkneten, bis alles gut vermischt ist. Dann die süße Mischung zwischen den Händen verreiben, so dass Streusel entstehen. Ein Teil des Mehls kann auch durch fein gemahlene Haselnüsse oder Mandeln ersetzt werden. Die Streusel über den Äpfeln verteilen. Den Äppelkrembel in den vorgeheizten Ofen bei 200 °C etwa. 20 Minuten backen. Dazu passen gut Vanilleeis oder Vanillesoße.

DER APFEL Der Kulturapfel entstand vermutlich durch Kreuzung mit dem noch heute wild vorkommenden Holzapfel. Der Apfel gehört zur Familie der Rosengewächse. Seine ursprüngliche Heimat liegt in Asien.
Die Frucht galt schon in früheren Zeiten als gesund und lebensverlängernd. Äpfel bestehen zu 85 % aus Wasser, sie haben viel Vitamin C und wertvolle Mineralstoffe. Heute gibt es in Deutschland ungefähr 1.500 Apfelsorten, im Handel und bei Direktvermarktern sind jedoch nur 30 bis 40 Sorten erhältlich – Tendenz sinkend. In den Supermärkten schrumpft das Angebot auf 5–6 Apfelsorten zusammen. Leider gehen neben der Vielfalt auch die Qualitäten der Sorten verloren. Deshalb lohnt es sich, nach alten Apfelsorten zu fragen und sie vielleicht sogar selbst anzubauen.

Rezeptverzeichnis

VORSPEISEN UND ZWISCHENGÄNGE

HAUPTGÄNGE

NACHSPEISEN, DESSERTS, BACKWERK, SOSSEN

Geprüfte QUALITÄT HESSEN

Hinweise zu regionalen Produkten aus Hessen und ihrem Anbau

Weitere Informationen zu Produkten aus Hessen und deren Erzeuger unter www.gutes-aus-hessen.de

An diesem Buch haben mitgekocht
(im Uhrzeigersinn von links nach rechts):
Michael Rühl, Fotografie und Arrangements
Stefan Diste, Hessisches Ministerium der Finanzen
Elke Treusch, Die gute Fee
Armin Treusch, Der Mann am Herd
Stefan Ebert, Hessisches Ministerium der Finanzen
Michaele Scherenberg, Text, Tipps und Traditionen
Norbert Rojan, B3 Verlag, Verkoster
Es fehlen: Mathias Mankus, Arrangements
Werner Ost, Grafik und Layout